中华优秀传统文化读本

中华经典

古文诵读（七）

《中华经典古文诵读》编写组　编写

中原出版传媒集团
中原传媒股份公司

大象出版社
·郑州·

图书在版编目（CIP）数据

中华经典古文诵读. 七/《中华经典古文诵读》编
写组编写. — 郑州：大象出版社，2022. 7
ISBN 978-7-5711-1505-0

Ⅰ. ①中… Ⅱ. ①中… Ⅲ. ①文言文-初中-教学参
考资料 Ⅳ. ①G634. 303

中国版本图书馆 CIP 数据核字（2022）第 120880 号

中华经典古文诵读（七）

ZHONGHUA JINGDIAN GUWEN SONGDU（QI）

《中华经典古文诵读》编写组　编写

出 版 人　汪林中
责任编辑　庞　博
责任校对　安德华
装帧设计　王晶晶

出版发行　大象出版社（郑州市郑东新区祥盛街27号　邮政编码450016）
　　　　　发行科　0371-63863551　总编室　0371-65597936
网　　址　www. daxiang. cn
印　　刷　河南龙华印务有限公司
经　　销　各地新华书店经销
开　　本　720 mm×1020 mm　1/16
印　　张　9
字　　数　125 千字
版　　次　2022 年 7 月第 1 版　2022 年 7 月第 1 次印刷
定　　价　22. 00 元
若发现印、装质量问题，影响阅读，请与承印厂联系调换。
印厂地址　河南省获嘉县亢村镇纬七路4号
邮政编码　453822　　　　电话　0373-6308296

目录

目录

咏 雪

《世说新语》

知人论世

刘义庆(403—444)，彭城(今江苏徐州)人，南朝宋文学家。

刘义庆"秉性简素，寡嗜欲，爱好文义。招聚文学之士，近远必至"。《世说新语》是南朝宋临川王刘义庆组织编写的一部志人小说集，主要记载汉末至东晋士大夫的言谈、逸事。

原文详解

谢太傅①寒雪日内集②，与儿女③
谢安在寒冷的雪天举行家庭聚会，给予侄辈的人

讲论文义④。俄而⑤雪骤⑥，公欣然曰：
讲解诗文。不久，雪下得大了，太傅高兴地说：

"白雪纷纷何所似⑦？"兄子胡儿⑧曰：
"这纷纷扬扬的白雪像什么呢？"他哥哥的长子谢朗说：

"撒盐空中差可拟⑨。"兄女曰："未若⑩
"在空中撒盐差不多可以相比。"另一个哥哥的女儿说：

柳絮因风⑪起。"公大笑乐。即公大兄无
"不如比作柳絮凭风飞舞。"太傅大笑起来。她就是谢

①谢太傅：即谢安(320—385)，字安石，陈郡阳夏(jiǎ)(今河南太康)人，东晋政治家。死后追赠为太傅。②内集：把家里人聚集在一起。③儿女：子女，这里泛指小辈，包括侄子侄女。④文义：文章的义理。⑤俄而：不久，一会儿。⑥骤：急。⑦何所似：像什么。⑧胡儿：即谢朗，字长度，小名胡儿，谢安次兄谢据的长子。⑨差(chā)可拟：大体可以相比。差，大体。拟，相比。⑩未若：不如，不及。⑪因风：乘风。因，趁，乘。

奕女^⑫，左将军王凝之^⑬妻也。

太傅长兄谢无奕的女儿谢道韫，左将军王凝之的妻子。

⑫公大兄无奕女：指东晋诗人谢道韫（yùn），谢无奕之女，聪慧有才辩。无奕，指谢安长兄谢奕，字无奕。⑬王凝之：字叔平，书法家王羲之的次子，曾任左将军。

知识梳理

1. 古今异义

（1）与儿女讲论文义（古义：泛指小辈，包括侄儿侄女；今义：儿子和女儿）

（2）与儿女讲论文义（古义：文章的义理；今义：文章的意思）

（3）未若柳絮因风起（古义：趁、乘；今义：因为）

2. 特殊句式

（1）省略句：谢太傅（于）寒雪日内集。

（2）倒装句：白雪纷纷何所似？（宾语前置，"何所似"应作"所似何"理解，即"像什么"）

（3）判断句：即公大兄无奕女，左将军王凝之妻也。

3. 中心思想

《咏雪》一文通过写谢家儿女咏雪一事，表现了谢道韫的聪明才智和文学才华，同时也表现了一种家庭生活的雅趣和文化的传承。

文本赏析

《世说新语》中记载了一则咏雪的故事：一个寒冷的雪天，谢太傅把家人聚集在一起，跟子侄辈谈诗论文。忽然间，雪下得紧了，谢太傅高兴地说："这纷纷扬扬的大雪像什么呢？"他哥哥的长子谢朗说："跟把盐撒

咏雪

在空中差不多。"他哥哥的女儿谢道韫说："不如比作风把柳絮吹得满天飞舞。"谢太傅高兴得笑了起来。

东晋的谢氏家族是个赫赫有名的诗礼簪缨之家，为首的是谢太傅即谢安。也只有这样的家族，遇到雪天无法外出，才有"讲论文义"的雅兴。谢太傅问道："白雪纷纷何所似？"答案可能不少，但作者只录下了两个：一个是谢朗说的"撒盐空中"，另一个是谢道韫说的"柳絮因风起"。谢太傅对这两个答案的优劣未做评定，只是"大笑乐"，十分耐人寻味。所以后人在理解时便有两种相反的意见：一种意见认为"撒盐空中"比喻好，因为雪的颜色和下落之态都跟盐比较接近；而柳絮呈灰白色，在风中往往上扬，甚至飞得很高很远，跟雪的飘舞方式不同。写物必须首先求得形似而后达于神似，形似是基础。另一种意见认为"柳絮因风起"比喻好，它给人以春天即将到来的感觉，正如英国大诗人雪莱所说，"冬天到了，春天还会远吗"（《西风颂》），有深刻的意蕴；而"撒盐"一喻所缺的恰恰是意蕴——"撒盐空中"，干什么呢？谁也不知道。好的诗句要有意象，意象是物象和意蕴的统一。"柳絮"比喻雪好就好在有意象；"撒盐"一喻仅有物象而无意蕴，所以说不好。

实际上，要了解这两个比喻的优劣，首先应该了解中国的文化。传统的中国文化注重的是精神，其实质就是追求神似。郑板桥画竹是胸有成竹，而非眼前之竹，是代表一种精神的竹子；范仲淹仅仅根据滕子京的一幅画状岳阳楼之景，实际上写的是自己心中的岳阳楼。"神似"是中国古代文化中的一个重要术语，指以艺术形象来传达客观对象的内在精神之美，是中国古代文学中用以评价艺术作品审美价值高低的一个重要标准。正因为如此，《世说新语》的编者虽然没有表态，却在最后补充交代了谢道韫的身份，这是一个有力的暗示，表明他赞赏谢道韫的才气。这样看来，作者的观点也就不言而喻了。

学好语文从"读"开始

学好语文要从"读"开始。阅读课文可以采用"四遍读"的方法。可出声读，可默读；可独立读，可小组轮读。读的时候可以在书的空白处记下感受或收获，可文字，可符号。

一、感悟读：整体感知正文。阅读开始时，在陌生化状态下，要集中精力读正文，从而把握课文大意，感受作品内容，体会作者的情感，生发阅读灵感，并及时记下阅读中闪现的感受和发现，包括联想想象、启迪感悟、豁然开朗的感觉等。

二、全程读：全程精读教材。包括阅读单元提示、课前提示、正文内容、课下注释、课后练习及其他相关材料。在全程阅读中，一要借助辅助资料，学习换位思考，从作者的角度理解文章；二要了解作品中新出现的词语——包括认识、会写、能理解、能运用；三要借助各种资料，深入理解作品；四要质疑问难，用怀疑的目光审视课文，画出不理解的语句，找出有疑问的地方，对文章的语言进行评论，给作品挑毛病。

三、思考读：带着问题读书。带着问题去精读、研读、反复读，边读边思，边记录，可以使阅读更有针对性，这是整个阅读过程的核心环节。其目的有六：（一）积累重要的信息（作者的生活情思信息、所展示的社会生活信息、作品包含的知识信息、文章所固有的章法信息、作品中颇具魅力的语言信息等）。（二）养成读书时细细品味、"不动笔墨不读书"的良好阅读习惯。（三）结合上下文和自己的生活见闻、经验、阅历、体验等走进作品，与作者"对话"，对课文进行由浅入深、多角度、多层次的个性化揣摩、领悟。（四）从中领悟出有效的阅读方法和写作技巧，学会阅读，学会写作。（五）实现阅读中对自身认识的飞跃，从中获得更多的人生启迪。

咏雪

（六）有所质疑、有所探究,提高自己的学习能力。

四、鉴赏读:品味、欣赏作品的美。语文课的主要任务就是学习语言。学习作品中的精美语言,就要学会品味、鉴赏,包括对精美语言的鉴赏(如对遣词造句妙处的品味、对言外之意的领悟等)、行文结构的鉴赏、文体风格的鉴赏等。通过对语言的美与灵性的感悟,在开发自我观察力、想象力和生命灵性的过程中,提高自己的语言表达能力。

"读书百遍,其义自见。"只有多读才会获得良好的效果,大家不妨试一试"四遍读"的方法。

思考探究

1. 解释下列加点的词。
(1)俄而雪骤_____
(2)差可拟_____
2. 用现代汉语翻译下面的句子。
未若柳絮因风起。

3. "公大笑乐"意味深长,你是怎样理解的?

4. 因为"未若柳絮因风起"这一咏雪名句,成就了一段文坛佳话,后世称女子的文采为"咏絮才"。请你对这一咏雪名句做简要赏析。

谢太傅处变不惊

谢太傅①盘桓②东山,时与孙兴公诸人泛海③戏。风起浪涌,孙、王④诸人色并遽⑤,便唱⑥使还。太傅神情方王⑦,吟啸不言。舟人以公貌闲意说,犹去不止。既风转急浪猛,诸人皆喧动不坐。公徐云:"如此将无归?"众人即承响⑧而回。于是审其量,足以镇安朝野。

(选自《世说新语》)

注释

①谢太傅:谢安。②盘桓:徘徊,逗留。③泛海:坐船出海。④王:指王羲之。⑤遽:惊慌。⑥唱:通"倡",提议。⑦王:通"旺",指兴致高。⑧承响:应声。

参考译文

太傅谢安在东山居留期间,时常和孙兴公等人坐船到海上游玩。有一次起了风,浪涛汹涌,孙兴公、王羲之等人都惊恐失色,便提议掉转船头回去。谢安这时精神振奋,兴致正高,又吟诵又吹口哨,不发一言。船夫因为谢安神态安闲,心情舒畅,便仍然摇船向前。一会儿,风势更急,浪更猛了,大家都叫嚷骚动起来,坐不住了。谢安慢条斯理地说:"如果都这样乱成一团,我们就回不去了吧?"大家立即响应,都回去了。从这件

咏雪

事里人们明白了谢安的气度,认为他完全能够镇抚朝廷内外,安定国家。

思考探究

1. 解释下列加点的词。

(1)舟人以公貌闲意说_____

(2)犹去不止_____

(3)众人即承响而回_____

2. 用简洁的语言概括文中的主要事件,并说说从这一事件中可以看出谢安具有怎样的性格特点。

黄琬巧对

黄琬①幼而慧。祖父琼,为魏郡②太守。建和元年③正月日食④。京师⑤不见而琼以状闻。太后诏问所食多少。琼思其对而未知所况。琬年七岁,在旁,曰:"何不言日食之余如月之初⑥?"琼大惊,即以其言应诏,而深奇爱之。

(选自《后汉书·黄琬传》)

注释

①黄琬:东汉末大臣。②魏郡:古郡名。③建和元年:建和为汉桓帝年号。建和元年为公元147年。④食:同"蚀",侵蚀。⑤京师:京城。⑥初:一开始,刚刚。

　　黄琬从小就聪明。祖父黄琼担任魏郡太守。建和元年(147)正月发生日食。京城里看不到那次日食情况,黄琼把他听到的情况禀告(朝廷)。太后召见黄琼问他日食的情况。黄琼思考该如何回答太后的询问但却不知道该如何描述。(当时)年仅七岁的黄琬在旁边,说道:"为什么不说日食剩下的就像初升之月?"黄琼恍然大悟,立即按照黄琬说的禀报太后,并认为黄琬十分特别,于是很喜爱他。

思考探究

　　1.下列对句子中加点词的解释不正确的一项是　　　　　　(　　)

　　A.黄琬幼而慧(聪明)

　　B.为魏郡太守(担任)

　　C.琼思其对而未知所况(回答)

　　D.何不言日食之余(语言)

　　2.祖父不知道该如何描述日食,黄琬却用初月类比日食,形象地说明了日食的形状,这件事给了你什么启示?

咏雪

陈太丘与友期行

《世说新语》

知人论世

《世说新语》根据内容可分为"德行""言语""政事""文学""方正"等三十六类,每类有若干则故事。

《世说新语》的语言精练含蓄,隽永传神。有许多被广泛应用的成语便是出自该书,如"难兄难弟""拾人牙慧""咄咄怪事""一往情深"等。

鲁迅称《世说新语》为"一部名士底(的)教科书"。鲁迅还曾称赞《世说新语》"记言则玄远冷隽,记行则高简瑰丽"。

原文详解

陈太丘与友期行①,期日中②。

陈太丘和朋友相约同行,约定的时间在正午。过了

过中不至,太丘舍去③,去后乃④至。

正午朋友还没有到,陈太丘不再等候他而离开了,陈太丘

元方⑤时年七岁,门外戏。

离开后朋友才到。元方当时七岁,在门外玩耍。

客问元方:"尊君在不⑥?"答曰:

陈太丘的朋友问元方:"你的父亲在吗?"元方回答道:

①期行:相约同行。期,约定。②日中:正午时分。③舍去:丢下(他)而离开。舍,舍弃。去,离开。④乃:才。⑤元方:即陈纪(129—199),字元方,陈寔的长子。⑥尊君在不(fǒu):令尊在不在? 尊君,对别人父亲的尊称。不,同"否"。

"待君久不至,已去。"友人便怒曰:

我父亲等了您很久您却没有到,已经离开了。友人便生气地说

"非人哉!与人期行,相委而去⑦。"元方曰:

道:"真不是君子啊! 和别人相约同行,却丢下别人先离开

"君与家君⑧期日中。日中不至,则是无信;

了。"元方说:"您与我父亲约在正午,正午您没到,就是

对子骂父,则是无礼。"友人惭,下车引⑨

不讲信用;对着孩子骂父亲,就是没有礼貌。"朋友感到惭

之。元方入门不顾⑩。

愧,下了车想去拉元方的手。元方头也不回地走进家门。

⑦相委而去:丢下我走了。相,表示动作偏指一方。委,舍弃。⑧家君:对人谦称自己的父亲。⑨引:拉,牵拉。⑩顾:回头看。

陈太丘与友期行

知识梳理

1. 古今异义

(1)陈太丘与友期行(古义:约定;今义:日期)

(2)太丘舍去(古义:离开;今义:从所在地到别的地方)

(3)相委而去(古义:舍弃;今义:委任,曲折)

(4)元方入门不顾(古义:回头看;今义:照顾)

2. 通假释义

尊君在不(同"否",表示否定,相当于"吗")

3. 词类活用

友人惭(意动用法,感到惭愧)

4. 中心思想

《陈太丘与友期行》一文通过写友人不守约定、不讲信用的故事,说明了人只有守约、诚信、懂礼,才能受到别人尊重的道理。

文本赏析

一、方正

《世说新语》共分 36 类，是编写者审视事物的 36 个视点。《陈太丘与友期行》选自"方正第五"，我们可以将"方正"（方正：正直，正派）当作第五类的主题。其选编的故事均是从不同角度来表现这一主题的。

陈元方是汉末名士。这首先得益于他的家教，他从小就受到良好的伦理道德的熏陶，故七岁之时就具有方正的品格。面对缺乏诚信、无礼的父亲之友，他不卑不亢，循理反驳对方。七岁之童就能如此，难怪刘义庆要把他放在宗世林之前。

二、孝义

《陈太丘与友期行》通过一则古代聪明而明理的孩子怎样与不文明、无礼貌的客人应答周旋的故事，让我们感受到古人伦理道德的严肃性，从某一方面反映了古人的家庭和亲情观念。

古人特别讲究"孝"。子曰："君子务本，本立而道生。孝悌也者，其为仁之本欤！"（《论语·学而》）怎样才算尽孝道呢？子曰："父在，观其志；父没，观其行；三年无改于父之道，可谓孝矣。"元方只是一个七岁的孩子，其父健在，要看他是否"孝"，当然就得"观其志"了。良好的家教，使"礼""信"在他幼小的心灵中生了根，而他对父友的态度只不过是其"孝"、其"志"的外现而已。

三、诚信

为人处世要讲诚信。古为今用，学习过《陈太丘与友期行》，我们都应以元方之父友为鉴，做一个讲诚信的人。

为人应讲文明、有礼貌，力争做到"非礼勿言""非礼勿动"。我们还应以元方之父友为鉴，从自己做起，从小事做起，做一个讲文明、有礼貌的人。

谦辞连连看

　　谦辞,是人们日常交际和书信往来中必不可少的表达谦虚的言辞。现简要归纳如下。

　　"家"字一族:用于对别人称比自己辈分高或年纪大的亲戚。如用家父、家尊、家严称父亲,用家母、家慈称母亲,用家兄称兄长。

　　"舍"字一族:用于对别人称比自己辈分低或年纪小的亲戚。如用舍弟称弟弟,用舍妹称妹妹,用舍侄称侄子,用舍亲称亲戚。

　　"小"字一族:谦称自己或与自己有关的人或事。如小弟,男性在朋友或熟人之间谦称自己;小儿,谦称自己的儿子;小女,谦称自己的女儿;小人,地位低的人自称;小生,青年读书人自称;小可,谦称自己。

　　"老"字一族:用于谦称自己或与自己有关的事。老朽,老年人谦称自己;老身,老年妇女谦称自己。

　　"敢"字一族:表示冒昧地请求别人。如敢问,用于问对方问题;敢请,用于请求对方做某事;敢烦,用于麻烦对方做某事。

　　"愚"字一族:用于自称的谦称。如愚兄,向比自己年轻的人自称;愚见,称自己的见解。另外,也可单独用"愚"谦称自己。

　　"拙"字一族:用于对别人称自己的东西。如拙笔,谦称自己的文字或书画;拙著,谦称自己的文章;拙见,谦称自己的见解。

　　"敝"字一族:用于谦称自己或跟自己有关的事物。如敝人,谦称自己;敝姓,谦称自己的姓;敝处,谦称自己的房屋、住所。

　　"鄙"字一族:用于谦称自己或跟自己有关的事物。如鄙人,谦称自己;鄙意,谦称自己的意见;鄙见,谦称自己的见解。

　　另外,还有寒舍,谦称自己的家;犬子,谦称自己的儿子;抛砖引玉,谦称用自己粗浅的、不成熟的意见引出别人高明的、成熟的意见；等等。

思考探究

1. 下列句子中加点词语意思不相同的一项是 （ ）

A. 陈太丘与友期行/君与家君期日中

B. 太丘舍去/相委而去

C. 则是无信/杳无音信

D. 答曰：待君久不至/公欣然曰

2. 用现代汉语翻译下面的句子。

元方时年七岁，门外戏。

3. 下列对课文理解有误的一项是 （ ）

A. 陈太丘依照相约行事，当他的朋友失约时，他决然舍去。

B. 陈太丘、元方父子二人身上体现的是我们崇尚的做人要以诚信为本的观念。

C.《世说新语》以简练传神、含蓄隽永著称，作者善于以小见大，通过细节刻画人物。

D. 文中的友人不讲信用，在他身上我们看不到任何优点。

4. 你从文中得到了哪些启示？

小时了了,大未必佳

孔文举①年十岁,随父到洛。时李元礼有盛名,为司隶校尉②,诣门者皆俊才清称及中表亲戚乃通③。文举至门,谓吏曰:"我是李府君④亲。"既通,前坐。元礼问曰:"君与仆⑤有何亲?"对曰:"昔先君仲尼与君先人伯阳,有师资之尊,是仆与君奕世为通好也⑥。"元礼及宾客莫不奇⑦之。太中大夫⑧陈韪后至,人以其语语之。韪曰:"小时了了⑨,大未必佳!"文举曰:"想君小时,必当了了!"韪大踧踖⑩。

（选自刘义庆《世说新语》）

注释

①孔文举:孔融,字文举,是汉代末年的名士、文学家,历任北海相、少府、太中大夫等职。曾多次反对曹操,被曹操借故杀害。②司隶校尉:官名,掌管监察京师和所属各郡百官的职权。③诣(yì):到访。清称:有清高的称誉的人。④府君:太守的尊称。⑤仆:谦称。⑥先君:祖先,与下文"先人"同。仲尼:孔子,名丘,字仲尼。伯阳:老子,姓李,名耳,字伯阳。著有《老子》一书。师资:师。这里指孔子曾向老子请教过礼制的事。奕世:累世;世世代代。⑦奇:认为他特殊、不寻常。⑧太中大夫:掌管论议的官。⑨了了:聪明;明白通晓。⑩踧踖(cù jí):恭敬而不安的样子。

陈太丘与友期行

参考译文

孔文举十岁时，随他父亲到洛阳。当时李元礼有很高的名望，任司隶校尉，登门拜访的必须是才子、名流和内外亲属，才给通报。孔文举来到他家，对掌门官说："我是李府君的亲戚。"经通报后，孔文举入门就座。元礼问道："您和我有什么亲戚关系呢？"孔文举回答道："古时候我的祖先仲尼曾经拜您的祖先伯阳为师，这样看来，我和您就是老世交了。"李元礼和宾客们无不赞赏他的聪明过人。太中大夫陈韪来得晚一些，别人就把孔文举的应对告诉他，陈韪说："小时候聪明伶俐，长大了未必出众。"孔文举应声说："您小时候，想必是很聪明的了！"陈韪听了，感到很难为情。

思考探究

1. 文中陈韪说"小时了了，大未必佳"这句话有什么含义？孔文举的回答又是什么意思？

2. 选文在写法上有什么特点？表现了孔文举怎样的性格特点？

泰山桂树

客有问陈季方："足下家君①太丘，有何功德，而荷②天下重名？"季方曰："吾家君譬如桂树生泰山之阿③，上有万仞之高，下有不测之深；上为甘露所沾，下为渊泉所润。当斯之时，桂树焉知泰山之高，渊泉之深？不知有功德与无也。"

（选自刘义庆《世说新语》）

注释

①家君：对别人父亲的尊称。②荷：担负，享有。③阿(ē)：弯曲的地方。

参考译文

有人问陈季方："您的父亲太丘，有什么功德，能在当今享有如此大的名声？"季方说："我的父亲就好像生长在泰山山腰的一株桂树，上面是万丈高的陡壁山峰，下面有深不可测的深渊；树顶被甘露浸湿，树根被泉水滋润。在这样的时候，桂树又哪里会知道泰山有多高，泉水有多深？所以我不知道我父亲有什么功德。"

思考探究

1.解释下列加点的词。

(1)上为甘露所沾＿＿＿＿＿＿＿＿＿

(2)下为渊泉所润＿＿＿＿＿＿＿＿＿

(3)当斯之时＿＿＿＿＿＿＿＿＿

2.文中用"泰山之高"和"渊泉之深"来反衬陈太丘的什么特点？读了本文后，你获得了什么启示？

陈太丘与友期行

《论语》十二章

知人论世

孔子（前551—前479），春秋末期思想家、政治家、教育家，儒家学派的创始人。名丘，字仲尼。鲁国陬邑（今山东曲阜东南）人。先世是宋国贵族。孔子提出了"仁"的思想，推出了"仁爱待人，推己及人"的主要观念，是中国古代著名的思想家和教育家。孔子终其一生倡导儒家学说，使儒家学说成为中华文化的主流，对中国思想文化的发展有极其深远的影响。

《论语》是孔子及其弟子的语录结集，由孔子弟子及再传弟子编写而成，至战国前期成书。全书共20篇，以语录体为主，叙事体为辅，内容有孔子谈话、答弟子问及弟子间相与谈论，较为集中地体现了孔子的政治主张、伦理思想、道德观念及教育原则等。此书是儒家学派的经典著作之一，与《大学》《中庸》《孟子》并称"四书"，为研究孔子思想的主要资料。

原文详解

子①曰："学而时习②之，不亦说乎③？

孔子说："学习了，经常反复地温习，不亦很愉快吗？

有朋自远方来，不亦乐乎？人不知而不愠④，

有志同道合的人从远方来，不也很快乐吗？大家不了解

①子：古代对男子的尊称，这里指孔子。②时习：按时温习。时，按时。③不亦说乎：不是很愉快吗？不亦……乎：常用于表示委婉的反问。说，同"悦"，愉快。④愠（yùn）：生气，恼怒。

不亦君子⑤乎?"(《学而⑥》)

我,并不因此恼怒,不也是君子吗?"(《学而》)

曾子⑦曰:"吾⑧日⑨三省⑩吾身:为人

曾子说:"我每天多次反省自己:替别人办事是不是

谋⑪而不忠⑫乎?与朋友交而不信⑬乎?传⑭

尽心尽力呢?同朋友交往是不是真诚呢?老师传授的

不习乎?"(《学而》)

知识是否复习过了呢?"(《学而》)

子曰:"吾十有五⑮而志于学,三十

孔子说:"我十五岁时,有志于做学问;三十岁时有所

而立⑯,四十而不惑⑰,五十而知天命⑱,六

成就,说话办事都有把握;四十岁,心里不再感到迷惑;五十

十而耳顺⑲,七十而从心所欲⑳,

岁知道天命是什么;六十岁能吸取各种见解而加以容纳;

不逾矩㉑。"(《为政》)

七十岁能随心所欲,但也不会越出规矩。"(《为政》)

子曰:"温故而知新㉒,可以为师矣。"

孔子说:"在温习旧知识时,能有新体会、新发现,

(《为政》)

就可以做老师了。"(《为政》)

子曰:"学而不思则罔㉓,思而不学则

孔子说:"只是读书却不认真思考,就会迷惑;只空

殆㉔。"(《为政》)

想却不读书,就会疑惑。"(《为政》)

⑤君子:指有才德的人。⑥学而:和下文的"为政""雍也""述而"等一样,都是《论语》的篇名,是从各篇第一章第一句中摘取出来的,并没有特别的意义。⑦曾子(前505—前436):姓曾,名参(shēn),字子舆,春秋末期鲁国人,孔子的弟子。⑧吾:人称代词,我。⑨日:每天。⑩三省:多次进行自我检查。三,泛指多次。一说,实指,即下文所说的三个方面。省,自我检查、反省。⑪为人谋:替人谋划事情。⑫忠:竭尽自己的心力。⑬信:诚信。⑭传(chuán):传授,这里指老师传授的知识。⑮十有五:十五岁。有,同"又",用于整数和零数之间。⑯立:立身,指能有所成就。⑰惑:迷惑,疑惑。⑱天命:上天的意旨。古人认为天是世间万物的主宰。命,命令。⑲耳顺:对此有多种解释,通常认为是能听得进不同的意见。⑳从心所欲:顺从意愿。㉑逾矩:越过法度。逾,越过。矩,法度。㉒温故而知新:温习学过的知识,可以得到新的理解和体会。㉓罔(wǎng):迷惑,意思是感到迷茫而无所适从。㉔殆(dài):疑惑。

子曰："贤哉，回㉕也！一箪㉖食，一瓢饮，在陋巷，人不堪㉗其忧，回也不改其乐。贤哉，回也！"（《雍也》）

孔子说："颜回的品质多么高尚啊！一竹筐饭，一瓢水，住在简陋的巷子里，别人都不能忍受这种困苦，颜回却不改变他自有的快乐。多么高尚啊，颜回！"（《雍也》）

子曰："知之㉘者㉙不如好㉚之者，好之者不如乐㉛之者。"（《雍也》）

孔子说："懂得某种学问的人不如喜爱它的人，喜爱它的人不如把研究这种学问作为快乐的人。"（《雍也》）

子曰："饭疏食，饮水㉜，曲肱㉝而枕之，乐亦在其中矣。不义而富且贵，于㉞我如浮云㉟。"（《述而》）

孔子说："吃粗粮，喝冷水，弯着胳膊当枕头，乐趣也就在其中了。用不正当的手段得来的富贵，对我来讲就像是天上的浮云一样。"（《述而》）

子曰："三人行，必有我师焉㊱。择其善者㊲而从之，其不善者而改之。"（《述而》）

孔子说："几个人一起走路，其中必定有可以做我老师的人。选取他们的优点而学习，如果也有他们的缺点就加以改正。"（《述而》）

子在川上㊳曰："逝者如斯夫，不舍

孔子在河边感叹道："时光像流水一样逝去，不舍

㉕回：即颜回（前521—前490），字子渊，春秋末期鲁国人，孔子的弟子。㉖箪(dān)：古代盛饭用的圆形竹器，也有用芦苇制成的。㉗堪：能忍受。㉘之：代词，它，指学问和事业。一说，指仁德。㉙者：代词，……的人。㉚好(hào)：喜爱，爱好。㉛乐：以……为快乐。㉜饭疏食，饮水：吃粗粮，喝冷水。饭，吃。疏食，粗粮。水，文言文中称冷水为"水"，热水为"汤"。㉝肱(gōng)：胳膊上从肩到肘的部分，这里指胳膊。㉞于：介词，对，对于。㉟如浮云：像浮云一样。㊱焉：于此，意思是在其中。㊲善者：好的方面，优点。㊳川上：河边。川，河流。

昼夜^㉟。"（《子罕》）

昼夜。"（《子罕》）

　　子曰："三军^㊵可夺^㊶帅也，匹夫^㊷不

孔子说："一国军队，可以改变其主帅；一个人的

可夺志也。"（《子罕》）

志向却是不能改变的。"（《子罕》）

　　子夏^㊸曰："博学而笃志^㊹，切问而

子夏说："广泛学习且能坚守自己的志向，恳切地

近思^㊺，仁^㊻在其中矣。"（《子张》）

提问，思考当前的事，仁就在其中了。"（《子张》）

㊴逝者如斯夫(fú)，不舍昼夜：逝去的一切像河水一样流去，日夜不停。逝，往、离去。斯，代词，这，指河水。夫，语气词，用于句末，表示感叹。㊵三军：指军队。㊶夺：改变。㊷匹夫：指平民中的男子，这里泛指平民百姓。㊸子夏(前507—?)：即卜商，字子夏，春秋末期晋国人，孔子的弟子。㊹笃(dǔ)志：志向坚定。笃，坚定。㊺切问而近思：恳切地发问求教，思考当前的事情。切，恳切。㊻仁：仁德。

知识梳理

1.古今异义

（1）君子（古义：有才德的人；今义：泛指品德高尚的人）

（2）可以（古义：可以凭借；今义：可能、许可）

（3）疏（古义：粗劣；今义：疏通、疏散）

（4）匹夫（古义：平民中的男子，泛指平民百姓；今义：无学识、无智谋的人）

（5）三（古义：多次；今义：数词，三）

2.通假释义

（1）不亦说乎（同"悦"，愉快）

（2）吾十有五而志于学（同"又"，用于整数与零数之间）

3.词类活用

（1）学而时习之（名词作状语，按时）

（2）吾日三省吾身（名词作状语，每天）

（3）温故而知新（形容词作名词，旧的知识，新的体会）

（4）传不习乎（动词作名词，老师传授的知识）

（5）饭疏食（名词作动词，吃）

（6）好之者不如乐之者（意动用法，以……为快乐）

4. 特殊句式

（1）省略句

①可以为师矣（"以"后面省略了代词"之"）

②其不善者而改之（句首省略了动词"择"）

（2）判断句

①贤哉，回也！

②三军可夺帅也，匹夫不可夺志也。

文本赏析

《论语》告诉我们要学会学习，努力进入学习的最高境界。

首先，要进入"乐学"的境界。孔子告诉我们，学习是有层次的，"知之者不如好之者，好之者不如乐之者"。第一个层次是"知之"，这个层次的人懂得如何学习。第二个层次是"好之"，他们爱好学习，为了某种目的能够做到全身心投入学习。第三个层次是"乐之"，这种境界的人把学习当成一件快乐的事情，对学习有着浓厚的兴趣。

其次，要进入"人不知而不愠"的境界。孔子说："学而时习之，不亦说乎？有朋自远方来，不亦乐乎？人不知而不愠，不亦君子乎？"这句话阐述了学习的三重境界。第一重境界是"学而时习之，不亦说乎"，这是"温故知新"的境界。"学习并按一定的时间复习，这是一件轻松愉悦的事情"，孔子告诉我们，学习知识，追求真理，并能经常复习，这是学习得以快乐的第一重境界。第二重境界是"有朋自远方来，不亦乐乎"，这是"交流分享"的境界，这里的"朋"是指"志同道合的人"，有志同道合的朋友从远方来，一起谈论学习，交流经验，分享体会，这是获得学习乐趣的第二重境界。第三重境界是"人不知而不愠，不亦君子乎"，这是"君子慎独"的境界。你经过学习，掌握了很多知识，习得了很多技能，可是却很少有人了解你很有学问，你很少获得赞美和赏识，这个时候，如果你能做到不怨恨、不恼怒，那么，你就是君子，你就知道了学习的真正目的，即学习是为了修身养性，而非为了"高谈阔论"时的装饰。做到这一点，你就进入了学习的最高境界，能够真正去享受学习本身了。

我们要努力进入"乐学"的层次，在"温故知新""交流分享""君子慎独"中享受学习的乐趣。

拓展链接

儒家经典——"四书""五经"

"四书""五经"是中国儒家思想的经典著作，是中国传统文化的重要组成部分，也是中国历史文化古籍中的传世之宝。

"四书"：《大学》《中庸》《论语》《孟子》的合称。

"四书"在先秦时就已存在，只是当时尚无"四书"之说。其中《论语》是孔子死后其弟子汇编的孔子言行录。《孟子》是记录战国时代孟轲的政治思想的书。而《大学》与《中庸》本来是《礼记》里的两篇文章，分别讲做学问和修身之道的，到南宋时，学者朱熹把它们独立出来加以注解，并且和《论语》《孟子》合编为一套丛书，作为学习儒家经典的初级入门教材，叫作《四书章句集注》，简称"四书"，也叫"四子书"，此外还有个别称叫"学庸论孟"。

"五经"：《诗》《书》《礼》《易》《春秋》的合称。

"五经"始称于汉武帝时期。《易》又称《周易》，包括经、传两部分。它不仅对于了解商周时代的哲学思想、社会生活有极其重要的意义，而且还保存了一些相当罕见的商周史事材料。《书》又称《尚书》，是我国上古时代王室诰命、誓词和追述古代史迹的著作汇编。《诗》又称《诗经》，不仅具有很高的艺术价值，而且是了解先秦社会风貌的珍贵资料。《礼》，汉时指《仪礼》，后世指《礼记》。《仪礼》是春秋战国时代礼仪制度的汇编，《礼记》是西汉时代编定的儒家关于礼的阐释。《春秋》是鲁国的编年史。它按年、季、月、日记载史事，以春秋代表四季，故名《春秋》。

思考探究

1. 解释下列加点的词。

（1）思而不学则殆_____

（2）吾日三省吾身_____

（3）人不知而不愠_____

（4）温故而知新_____

2. 用现代汉语翻译下列句子。

（1）三人行，必有我师焉。

（2）博学而笃志，切问而近思，仁在其中矣。

3. 下列句子中，有谈态度的，有谈学习方法的，有谈个人修养的。请将它们归类，只填字母。

A. 温故而知新

B. 三人行，必有我师焉

C. 学而不思则罔，思而不学则殆

D. 人不知而不愠

（1）学习态度：_____

（2）学习方法：_____

（3）个人修养：_____

4.《论语》在论述"学"与"思"的关系时，为何不先说"思而不学则殆"，而是先说"学而不思则罔"？说说你的理解。

5. 文中，孔子赞叹"贤哉，回也"，毫不掩饰他对颜回的钟爱。那么，孔子究竟欣赏颜回的什么呢？颜回的这种生活态度对你有什么启发呢？

课外配读

颜回好学

回①年二十九，发尽白，蚤死。孔子哭之恸，曰："自吾有回，门人益亲。"鲁哀公②问："弟子孰为好学？"孔子对曰："有颜回者好学，不迁③怒，不贰④过。不幸短命死矣，今也则亡，未闻好学者也。"

（选自司马迁《史记·仲尼弟子列传》）

注释

①回：颜回，又称颜渊。②鲁哀公：鲁国国君。③迁：转移。④贰：重复。

参考译文

　　颜回二十九岁的时候,头发全都发白,死得很早。孔子哭得很悲伤,说道:"自从我有了颜回这样好学的弟子,学生更加亲近我了。"鲁哀公问孔子:"你的弟子中谁是最好学的呢?"孔子回答说:"有个叫颜回的学生最好学,他不把怒气发泄到别人头上,不犯第二次同样的错误。但他命太短而死,现在就再也没有听说有好学的人了。"

思考探究

　　1.解释下列加点的词。
　　(1)孔子哭之恸_____
　　(2)门人益亲_____
　　(3)弟子孰为好学_____
　　2.孔子感叹颜回死后,再没有"好学者"。其实,历史上好学者不胜枚举。请你根据自己的知识积累,举一个名人好学的例子,要简述出其好学的经历。

《论语》五则

　　子贡问曰:"孔文子①何以谓之'文'也?"子曰:"敏而好学,不耻下问,是以谓之'文'也。"
　　子曰:"默而识②之,学而不厌③,诲人不倦,何有于我哉?"

子曰:"岁寒,然后知松柏之后凋④也。"

子曰:"女奚⑤不曰,其为人也,发愤忘食,乐以忘忧,不知老之将至云尔⑥。"

子曰:"不愤不启⑦,不悱⑧不发。举一隅不以三隅反⑨,则不复也⑩。"

注释

参考译文

子贡问道:"孔文子为什么被谥'文'的称号呢?"孔子说:"他聪明勤勉,喜爱学习,不以向比自己地位低下的人请教为耻,所以谥他'文'的称号。"

孔子说:"默默地记住(所学的知识),学习不觉得满足,教人不知道疲倦,对我而言又做到了哪些呢?"

孔子说:"(到了)一年之中最寒冷的季节,这样才知道松树和柏树是不会凋谢的。"

孔子(听说后)说:"你为什么不(这样)说,他做人呀,发愤用功而忘记了吃饭,自得其乐而忘记了忧愁,没有意识到衰老就要到来了,如此罢了。"

孔子说:"教导学生,不到他冥思苦想仍不得其解的时候,不去开导他；不到他想说却说不出来的时候，不去启发他。给他指出一个方面，如果他不能由此推知其他三个方面，就不再教他了。"

思与探究

1. 这些语录中有论述学习的，我们可以从中获得哪些教益？

2. "岁寒，然后知松柏之后凋也"给了我们哪些做人的启示？

诫子书

诸葛亮

知人论世

诸葛亮(181—234),字孔明,琅邪阳都(今山东沂南南)人,三国时蜀汉政治家、军事家。

这是诸葛亮写给他儿子诸葛瞻的一封家书。从文中可以看出诸葛亮是一位品格高洁、才学渊博的父亲,对儿子的殷殷教诲与无限期望尽在此书中。全文通过智慧理性、简练谨严的文字,将普天下为人父者的爱子之情表达得非常深切,成为后世历代学子修身立志的名篇。

古代家训,大都浓缩了作者毕生的生活经历、人生体验和学术思想等方面的内容,不仅他的子孙从中获益良多,就是今人读来也大有可借鉴之处。三国时蜀汉丞相诸葛亮被后人誉为"智慧之化身",他的《诫子书》也可谓是一篇充满智慧之语的家训,是古代家训中的名作。

原文详解

夫①君子之行,静②以③修身,俭以养德。非淡泊④无以⑤明志⑥,非宁静

君子的行为操守,以宁静来修养身心,以节俭来培养品德。不能淡泊自守,就无法明确

①夫(fú):助词,用于句首,表示发端。
②静:屏除杂念和干扰,宁静专一。
③以:连词,表示后者是前者的目的。
④淡泊:内心恬淡,不慕名利。⑤无以:没有什么可以拿来,没办法。⑥明志:明确志向。明,明确、坚定。

无以致远⑦。夫学须静也，才须学也，

志向，不能宁静专一，就无法达到远大目标。学习必须

非学无以广⑧才，非志无以成学。

静心专一，而才干来自学习，不学习就无法增长才干

淫慢⑨则不能励精⑩，险躁⑪

不明确志向就无法学有所成。放纵懈怠，就无法振奋精

则不能治性⑫。年与时驰⑬，

神，轻薄浮躁就不能修养性情。年纪随时光而疾速逝去

意与日去⑭，遂成枯落⑮，

意志随岁月逐渐消失，最终枯败零落，大多对社会没有

多不接世⑯，悲守穷庐⑰，

什么贡献，只能悲哀地困守在自己穷困的屋舍，到时再

将复何及⑱！

悔恨又怎么来得及！

⑦致远：达到远大目标。致，达到。⑧广：增长。⑨淫慢：放纵懈怠。淫，放纵。慢，懈怠。⑩励精：振奋精神。励，振奋。⑪险躁：轻薄浮躁。与上文"宁静"相对而言。险，轻薄。⑫治性：修养性情。治，修养。⑬年与时驰：年纪随同时光而疾速逝去。驰，疾行，指迅速逝去。⑭意与日去：意志随同岁月而丧失。⑮枯落：凋落，衰残。比喻人年老志衰，没有用处。⑯多不接世：意思是，大多对社会没有任何贡献。⑰穷庐：穷困潦倒之人住的陋室。⑱将复何及：又怎么来得及。

📖 知识梳理

1. 一词多义

(1) 成　①非志无以成学(成就)
　　　　②遂成枯落(变成)

(2) 学　①夫学须静也(学习)
　　　　②非志无以成学(学业)

2. 古今异义

(1) 淫慢则不能励精(古义：懈怠；今义：速度慢)

（2）险躁则不能治性（古义:修养;今义:治理）

（3）意与日去（古义:岁月;今义:太阳）

（4）悲守穷庐（古义:破旧、简陋;今义:生活贫困）

3. 特殊句式

（1）宾语前置句

静以修身,俭以养德。

（2）判断句

夫学须静也,才须学也。

文本赏析

《诫子书》的主旨是劝勉儿子勤学立志,修身养性要从淡泊宁静中下功夫,最忌怠惰险躁。文章概括了做人治学的经验,着重围绕一个"静"字加以论述,同时把失败归结为一个"躁"字,对比鲜明。

在《诫子书》中,诸葛亮教育儿子,要"淡泊"自守,"宁静"自处,鼓励儿子勤学励志,从淡泊和宁静的自身修养上狠下功夫。诸葛亮教育儿子切忌心浮气躁,举止荒唐。在书信的后半部分,他则以慈父的口吻谆谆教导儿子:少壮不努力,老大徒伤悲。这话看起来不过是老生常谈罢了,但它是慈父教诲儿子的,字字句句是心中真话,是他人生的总结,因而格外令人珍惜。

这篇《诫子书》,还指明了立志与学习的关系;不但讲明了宁静淡泊的重要,也指明了放纵怠慢、偏激急躁的危害。诸葛亮不但在大的原则方面对其子严格要求,循循善诱,甚至在一些具体事情上也体现出对子女的细微关怀。

这篇文章短短几十字,传递出的讯息,比起长篇大论,诫子效果好得多。文章短小精悍,言简意赅,文字清新雅致,不事雕琢,说理平易近人,这些都是这篇文章的特别之处。

诫子书

拓展链接

有关诸葛亮的对联

1.两表酬三顾，一对足千秋。

这副对联赞颂了诸葛亮才高睿智、鞠躬尽瘁死而后已的一生功绩。所谓"两表"是指诸葛亮入川后为蜀汉大业所作的前后两篇《出师表》；"一对"是指当年刘备三顾茅庐时诸葛亮所作的《隆中对》，在《隆中对》中诸葛亮有"三分天下"的精辟分析。

2.收二川，排八阵，六出七擒，五丈原前，点四十九盏明灯，一心只为酬三顾；

取西蜀，定南蛮，东和北拒，中军帐里，变金木土爻神卦，水面偏能用火攻。

这副对联高度概括了诸葛亮一生的功绩。收二川：收取东川、西川。排八阵：摆设八卦阵。六出：六出祁山。七擒：七擒孟获。东和：东和孙权。北拒：北拒曹操。水面偏能用火攻：指火烧赤壁。

思考探究

1.解释下列加点的词。

（1）非学无以广才 ＿＿＿＿＿＿＿＿＿＿＿＿＿

（2）淫慢则不能励精＿＿＿＿＿＿＿＿＿＿＿＿＿

2.用现代汉语翻译下列句子。

（1）夫君子之行，静以修身，俭以养德。

（2）非学无以广才，非志无以成学。

3.作者是从哪两个方面进行"家教"的？为了增强表达效果，作者运用了何种论证方法？

4.作者围绕"静"，从学习方面告诫儿子要成材必须具备哪些条件？

5.诸葛亮写这封信有何用意？

课外配读

景清借书

　　景清倜傥尚大节①，领乡荐②，游国学③。时同舍生有秘书④，清求而不与。固⑤请，约明旦即还书。生旦往索，曰："吾不知何书，亦未假⑥书于汝。"生忿，讼于祭酒⑦。清即持所假书，往见，曰："此清灯窗所业书⑧。"即诵辄⑨卷。祭酒问生，生不能诵一词。祭酒叱生退。清出，即以书还生，曰："吾以子珍秘太甚，特⑩以此相戏耳。"

注释

①倜傥(tìtǎng)：洒脱，不拘束。尚大节：注重气节。②领乡荐：科举制度在各省举行的考试叫乡试,乡试考中称为领乡荐。③游国学：到京城国子监从师求学。④秘书：少见的珍贵书。⑤固：一再。⑥假：借。⑦讼：诉讼,告状。祭酒：国子监里管理教育的官员。⑧此清灯窗所业书：这是我灯下窗前所学的书。⑨辄：通"彻"。⑩特：只是,不过。

参考译文

景清洒脱注重气节,乡试中举,到京城国子监从师求学。当时跟他同住的一个书生收藏有一本书,景清向他借,他不肯。一再向他请求借书,并相约明天早上就还书。第二天早上,那个书生向他要书,景清说："我不知道什么书,也没有借你的书。"那个书生很生气,向地方的官员诉讼。景清就拿着所借的书,去公堂,说：这是我灯下辛苦所学之书。说完将书整篇背了出来。官员问那个书生,他却一个字都背不出来。于是官员将那个书生赶了出去。景清跟着出去,把书还给了那个书生,说道："我因为你太过珍惜这本书了,所以特意用这个方法与你开个玩笑罢了。"

思考探究

1.解释下列加点的词。

(1)清求而不与 _____

(2)清即持所假书 _____

2.选文告诉我们对待书籍应持怎样的态度?

诫外甥书

诸葛亮

夫志当存高远,慕先贤,绝情欲,弃凝滞①,使庶几之志②,揭然③有所存,恻然④有所感;忍屈伸,去细碎,广咨问,除嫌吝⑤,虽有淹留⑥,何损于美趣,何患于不济。若志不强毅,意不慷慨,徒碌碌滞于俗,默默束于情,永窜⑦伏于凡庸,不免于下流矣!

注释

①凝滞:心思局限于某个范围;拘泥。②庶几之志:接近或近似于先贤的志向。③揭然:高举的样子。④恻然:哀伤的样子,引申为内心触动。⑤嫌吝:嫌弃猜疑、嫉贤妒能的心理。⑥淹留:德才不显于世。⑦窜:隐藏。

参考译文

志向应当建立在远大的目标上,敬仰和效法古代的圣人,并断绝私情杂欲,撇开牵掣、障碍,使几乎接近圣贤的那种高尚志向,在你身上明白地体现出来,使你内心震动、心领神会。要能够适应顺利、曲折等不同境遇的考验,摆脱琐碎事务和感情的纠缠,广泛地向人请教,根除自己怨天尤人的情绪。做到这些以后,虽然也有可能在事业上暂时停步不前,但哪会损毁自己高尚的情趣,又何必担心事业会不成功呢!如果志向不坚毅,思想境界不开阔,碌碌无为地陷身在世俗中,无声无息地被欲念困扰,永远混杂在平凡的人群中,就难免会变成没教养、没出息的人。

思考探究

1. 解释下列加点的词。

（1）弃凝滞＿＿＿＿＿＿＿＿＿＿＿＿＿＿

（2）若志不强毅＿＿＿＿＿＿＿＿＿＿＿＿＿

2. 选文主要论述了什么观点？（引用原文中的语句回答）

狼

蒲 松 龄

知人论世

蒲松龄(1640—1715),字留仙,一字剑臣,别号柳泉居士,世称聊斋先生。淄川(今属山东淄博)人,清代文学家。著有文言小说集《聊斋志异》等。

《聊斋志异》简称《聊斋》,俗名《鬼狐传》,是中国清朝著名小说家蒲松龄创作的文言短篇小说集。"聊斋"是蒲松龄的书房名,"志"是记述的意思,"异"是指奇怪的事情,"聊斋志异"的意思就是在书房里记录奇异的故事。

蒲松龄一生贫困潦倒,但这样的经历恰好对他创作《聊斋志异》这样的文学巨著十分有利。他个人科场蹭蹬的不幸固然可悲,但他却由此对科考制度有了深切的体验,从而促使他把满腔孤愤倾注在自己的创作中,将揭露和抨击科举弊端作为《聊斋志异》的重要内容,并塑造出一系列栩栩如生的应试士子形象。

三十多年的农村教书先生生活对他的创作也极为有利:一方面东家毕际有的石隐园里有林泉之胜可以陶冶性情,有丰富的藏书可供他研习学问,丰富知识;另一方面又使他有较为充裕的时间和恰当的机会搜集民间传说,整理加工奇闻逸事。

他在南方一年的幕僚生活也为其创作《聊斋志异》打下了一定的生活基础。南方的自然山水和风土民情开阔了他的眼界,幕僚的身份使他有机会接触社会各阶层的人物,特别是官僚缙绅和下层歌妓。这也为他在《聊斋》中塑造各种官僚豪绅和众多女性形象积累了素材。

此外,蒲松龄从小就喜爱民间文学,喜好搜集民间奇闻逸事。他不仅从民间文学中汲取艺术营养,而且直接在民间传说的基础上进行加工创造。这是他采用充满奇幻色彩的花妖狐魅故事来反映现实的重要原因。

原文详解

一屠①晚归,担中肉尽,

一个屠户天晚回家,担子里的肉已经卖完了,只剩下

止②有剩骨。途中两狼,缀行甚远③。

一些骨头。屠户路上遇到两只狼,紧跟着(他)走了很远。

屠惧,投以骨④。一狼得骨止,

屠户感到害怕,把骨头扔给狼。一只狼得到骨头就

一狼仍从⑤。复投之,后狼止而

停下了,另一只狼仍然跟着(屠户)。屠户再次扔骨头,后

前狼又至。骨已尽矣,而两狼

得到骨头的那只狼停下了,之前获得骨头的狼又跟上来了。

之并驱如故⑥。

骨头已经扔完了,可是两只狼像原来一样一起追赶屠户。

屠大窘⑦,恐前后受其敌⑧。

屠户感到处境危急,担心前后一起受到狼攻击。他

顾⑨野有麦场,场主积薪⑩其中,

看见田野中有一个打麦场,麦场的主人把柴草堆积在打麦

①屠:屠户。②止:仅,只。③缀(zhuì)行甚远:紧随着走了很远。缀,连接、紧跟。④投以骨:把骨头投给狼。⑤从:跟从。⑥两狼之并驱如故:两只狼像原来一样一起追赶。并,一起。驱,追随、追赶。如故,跟原来一样。⑦窘(jiǒng):处境困迫,为难。⑧受其敌:遭受它们的攻击。⑨顾:看,视。⑩积薪:堆积柴草。

苫蔽成丘⑪。屠乃奔倚其下，弛⑫担

持刀。狼不敢前，眈眈相向⑬。

场里，覆盖成小山似的。屠户于是跑过去倚靠在柴草堆下，

卸下担子拿起屠刀。两只狼不敢上前，眼瞪着屠户。

少时⑭，一狼径去⑮，其一犬

坐于前⑯。久之⑰，目似瞑⑱，意暇

一会儿，一只狼径直走开，另一只狼像狗似的蹲坐在

甚⑲。屠暴⑳起，以刀劈狼首，

(屠户)面前。时间长了，那只狼的眼睛好像闭上了，神情悠闲

又数刀毙之。方欲行，转视积薪后，

得很。屠户突然跳起来，用刀砍狼的头，又连砍了几刀把狼

一狼洞其中㉑，意将隧入㉒以攻其后也。

杀死。屠户正要上路，转身看到柴草堆后面，另一只狼正

身已半入，止露尻㉓尾。屠自后断其股，

在柴草堆里打洞，想要钻过去从后面攻击屠户。狼的身子

亦毙之。乃悟前狼假寐㉔，

已经钻进去一半，只露出屁股和尾巴。屠户从后面砍断了

盖㉕以诱敌。

狼的后腿，把这只狼也杀死了。他才明白前面的那只狼

假装睡觉，原来是用来诱引敌人(屠户)的。

狼亦黠㉖矣，而顷刻㉗两毙，禽兽之

狼也太狡猾了，可一会儿两只狼都被杀死了，禽

变诈几何哉㉘？止增笑耳㉙。

兽的欺骗手段能有多少呢？只是增加笑料罢了。

⑪苫(shàn)蔽成丘：覆盖成小山一样。苫蔽，覆盖、遮盖。⑫弛：解除、卸下。⑬眈(dān)眈相向：瞪眼朝着屠户。眈眈，凶狠注视的样子。⑭少(shǎo)时：一会儿。⑮径去：径直离开。径，径直。⑯犬坐于前：像狗似的蹲坐在前面。⑰久之：时间长了。⑱瞑(míng)：闭上眼睛。⑲意暇甚：神情很悠闲。意，这里指神情、态度。暇，从容、悠闲。⑳暴：突然。㉑洞其中：在积薪中打洞。洞，洞穴，这里用作动词，指挖洞。㉒隧入：从通道进入。隧，通道，这里用作状语，"从通道"的意思。㉓尻(kāo)：屁股。㉔假寐：假装睡觉。寐，睡觉。㉕盖：表示推测，大概，原来是。㉖黠(xiá)：狡猾。㉗顷刻：一会儿。㉘禽兽之变诈几何哉：禽兽的诡诈手段能有多少啊？变诈，巧变诡诈。几何，多少，意思是能有多少。㉙止增笑耳：只是增加笑料罢了。

狼

知识梳理

1. 古今异义

（1）弛担持刀（古义：解除，卸下；今义：放松，松弛）

（2）禽兽之变诈几何哉（古义：多少，意思是能有多少；今义：一门学科）

2. 一词多义

（1）止　①后狼止而前狼又至（停止）

　　　　②止有剩骨（仅，只）

（2）敌　①恐前后受其敌（动词，攻击）

　　　　②盖以诱敌（名词，敌人）

（3）前　①恐前后受其敌（方位词，前面）

　　　　②狼不敢前（动词，向前）

（4）意　①意暇甚（神情、态度）

　　　　②意将隧入以攻其后也（打算）

3. 词类活用

（1）其一犬坐于前（名词作状语，像犬似的）

（2）一狼洞其中（名词用作动词，挖洞）

（3）意将隧入以攻其后也（名词作状语，从通道）

文本赏析

　　学习《狼》一课后，如果我们不只是把狼当狼看，而是作为屠户的对手来考察，把它当作人来研究，那么，或许会有利于我们以狼为鉴，学得"聪明"一点儿。从此角度出发，可以由《狼》想到三点，即从中受到三点启发。

启发一：该出手时就出手

荒郊野外，屠户晚归，路上遇到两只狼。两只狼紧随屠户走了很远。两只狼对付一个人，很明显狼占优势，而屠户则处于劣势。对狼来说，这可谓天赐良机，假如狼此时出手，等待屠户的就只能是成为狼的口中之食。

启发二：切忌耍小聪明

应该说这两只狼是颇有心计的，与人无异，令人称奇。但是，它们耍的都是小聪明在人类面前差多了。尽管"屠惧"，并对狼存有幻想，一再妥协退让，但这种小聪明的把戏在人类面前纯属不自量力。结果被智慧的人类杀死。

启发三：切莫小看对手

两只狼自以为聪明而一再错失良机。要知道，虽然屠户"投""复投"剩骨是他对狼抱有幻想、一再妥协退让的表现，是不得已而为之的，但客观上却为双方地位的变化赢得了时间，为屠户扭转被动局面创造了条件。这"剩骨"看似救命的稻草，但就是这几根"稻草"却让屠户派上了大用场。狼也许至死都不明白"稻草"为何能救命的道理，更不能明白低估对手必将置自己于死地的道理。

该出手时不出手，能用的时候不用；不该出手的时候却出手，不能用的时候却偏要用。两只狡猾的狼一错再错，其结局只能是被屠户一一杀死，成为人们的笑料罢了。

拓展链接

一日，聊斋先生蒲松龄乘船外出，同船的除了船夫，还有四位乘客：衣冠楚楚的朝廷官员、正当妙龄的卖花女、身背锯斧的木匠和衣衫褴褛的拾粪老农。

船到河心，官员自恃满腹才学，便对大家说："恕我冒昧，请诸位各依本人身份作一首七绝，诗中要有三字同头，三字同旁，隔行相见，前后呼

狼

应。"说着,他先开了腔:"三字同头官宦家,三字同旁绫缎纱。若非朝廷官宦家,谁人能穿绫缎纱?"

木匠师傅手扶斧锯,略加思索吟道:"三字同头庙廊库,三字同旁檩橡柱。如若要建庙廊库,怎能离了檩橡柱?"

卖花女一亮双眸,快言快语:"三字同旁姑娘娃,三字同头芙蓉花。若非妙龄姑娘娃,哪个敢戴芙蓉花?"

船夫手不停篙,笑着吟出一诗:"三字同头大丈夫,三字同旁江海湖。不是男子大丈夫,何人能识江海湖?"

蒲松龄憎恨世道黑暗,同情百姓疾苦,随口吟道:"三字同头哭骂咒,三字同旁狼狐狗。山野声声哭骂咒,只因世道狼狐狗!"

轮到拾粪老农了,只见他不慌不忙,从容吟道:"三字同旁稻秫稷,三字同头屎尿屁。牲畜吃了稻秫稷,当路排出屎尿屁。"

官员本想炫耀一番自己的官职与才学,不料今日遇到的几位看似卑微,却均非等闲之辈,于是灰溜溜地不再言语了。

思考探究

1. 解释下列加点的词。

(1)缀行甚远＿＿＿＿＿＿＿＿＿

(2)屠大窘＿＿＿＿＿＿＿＿＿

(3)弛担持刀＿＿＿＿＿＿＿＿＿

(4)而顷刻两毙＿＿＿＿＿＿＿＿＿

2. 下列句子中加点词的意思相同的一项是　　　　　　（　　）

A. 其一犬坐于前/于我如浮云

B. 而两狼之并驱如故/温故而知新

C. 止增笑耳/六十而耳顺

D. 屠自后断其股/有朋自远方来

3.用现代汉语翻译下列句子。

(1)复投之,后狼止而前狼又至。

(2)乃悟前狼假寐,盖以诱敌。

4.文中的"狼"具有怎样的特点?

5.文章最后一段运用了什么表达方式?有什么作用?

课外配读

田不满怒斥髑髅

客作①田不满夜行失道②,误经墟墓间,足踏一髑髅③。髑髅作声曰:"毋败④我面,且祸⑤尔!"不满戆且悍⑥,叱曰:"谁遣尔当路?"髑髅曰:"人移我于此,非我当路也。"不满又叱曰:"尔何不祸移尔者?"髑髅曰:"彼运⑦方盛,无如何也。"不满笑且怒曰:"岂我衰耶?畏盛而凌⑧衰,是何理耶?"髑髅作泣声曰:"君气亦盛,故我不敢祟⑨,徒以虚词恫喝⑩也。畏盛凌衰,人情皆尔,君乃责鬼乎? 哀而拨入土窟中,君之惠也。"不满冲之竟过。惟闻背后呜呜声,卒无他异。

（选自纪昀《阅微草堂笔记》）

注释

①客作:佣工。②失道:迷路。③髑髅(dúlóu):死人的头骨。④败:毁坏。⑤祸:使……受到灾难。⑥戆(zhuàng):刚直。悍:勇猛。⑦运:运气。⑧凌:欺侮。⑨祟:指鬼神带来的灾祸。⑩恫(dòng)喝:恐吓,吓唬。

参考译文

　　佣工田不满夜晚出行迷了路,错误地经过废墟墓地之间,脚踩到一个骷髅。骷髅发出声音说:"别毁坏我的脸,(否则)将降祸于你!"不满(有点儿)刚直并且勇敢,斥责道:"谁派你挡道啊?"骷髅说:"别人移我到这里,不是我要挡路啊。"不满又叱责道:"你为什么不降祸于那个把你移过来的人啊?"骷髅说:"他正走运,无可奈何啊。"不满(好)笑并且恼怒道:"难道我就时运不佳了吗? 你害怕走运的而欺侮倒霉的,是什么道理啊?"骷髅发出哭泣的声音说:"您气运也盛,所以我不敢(对你)作祟,只是用空话来恐吓啊。害怕走运的而欺侮倒霉的,人(的)情(况)都是这样,您就(光)责怪鬼干吗? 哀求你(将我)埋进土坑中,算是你对我的恩惠呀。"不满(怒冲冲地)一冲就走过去了。只听见背后呜呜的哭泣声声,终究也没有其他不正常的事情发生。

1.解释下列加点的词。

(1)毋败我面,且祸尔＿＿＿＿＿＿＿＿＿

(2)岂我衰耶＿＿＿＿＿＿＿＿＿

(3)徒以虚词恫喝也＿＿＿＿＿＿＿＿＿

(4)卒无他异＿＿＿＿＿＿＿＿＿

2."田不满怒斥髑髅"的故事告诉了我们一个什么道理?

毛大福遇狼

太行毛大福,疡医^①也。一日,行术归,道遇一狼,吐裹物,蹲道左。毛拾视,则布裹金数事。方怪异间,狼前欢跃,略曳袍服,即去。毛行,又曳之。察其意不恶,因从之去。未几,至穴,见一狼病卧,视顶上有巨疮,溃腐生蛆。毛悟其意,拨剔净尽,敷药如法,乃行。日既晚,狼遥送之。行三四里,又遇数狼,咆哮相侵,惧甚。前狼急入其群,若相告语,众狼悉散去。毛乃归。

先是^②,邑有银商^③宁泰,被盗杀于途,莫可追诘。会毛货^④金饰,为宁氏所认,执赴公庭。毛诉所从来,官不信,械^⑤之。毛冤极不能自伸,唯求宽释,请问诸狼。官遣两役押入山,直抵狼穴。值狼未归,及暮不至,三人遂反。至半途,遇二狼,其一疮痕犹在。毛识之,向揖而祝曰:"前蒙馈赠,今遂以此被屈。君不为我昭雪,回榜掠死矣!"狼见毛被絷^⑥,怒奔隶。隶拔刀相向。狼以喙拄地大嗥,嗥两三声,山中百狼群集,围旋隶,

狼

隶大窘。狼竞前啮絷索，隶悟其意，解毛缚，狼乃俱去。

（选自蒲松龄《聊斋志异》）

注释

①疡（yáng）医：治疗创伤的外科医生。②先是：在这之前。③银商：制造或贩卖金银饰物的商人。④货：卖。⑤械：刑具。这里作动词。⑥絷（zhí）：捆绑。

参考译文

太行地区的毛大福，是个外科医生。一天，他做完手术回来，路上遇到一只狼，吐出一个包裹着的东西，蹲在路的左旁。毛大福捡起来一看，原来是用布裹着的几件金首饰。他正觉得奇怪的时候，狼上前欢跳，轻轻拽了拽他的衣袍，然后就离开了。可等毛大福走了一段，狼又来拽他。毛大福看这只狼没有恶意，就跟着它去了。不一会儿，到了狼穴，只见一只狼病卧着，仔细观察，见它的头上有一个大疮，已溃烂长蛆。毛大福懂得狼的意思，将蛆挑干净，按医法敷上药，然后走了。当时天色已晚，狼远远地尾随着他。走了三四里，毛大福又遇到几只狼，嗥叫着逼向他，毛大福十分害怕。为他送行的那只狼赶紧跑进狼群，好像对它们说话一样，众狼便全都走散了。毛大福于是平安回到家。

在这之前，县里有个名叫宁泰的钱商，在路上被强盗杀死，没有可以追查的线索。正巧毛大福出售金首饰时，被宁家认出，于是将他抓起来，送往公庭。毛大福诉说金首饰的来历，县官不相信，用枷锁把他拘禁起来。毛大福受了冤屈，却又不能自己申明，只得请求宽限时日，让他去向狼询问。县官便派两名差役押着毛大福进山，径直走到狼窝。不巧，狼没回来，三人只好往回走。走到半路，他们遇见两只狼，其中一只狼疮疤还在。毛大福认出了它，向它作揖祝告说："前次承蒙赠送，现在就因为这件事受到冤屈。你如果不为我昭雪，我回去就会被拷打而死!"狼见毛大福被捆绑着，愤怒地奔向差役。差役拔刀相对。狼用嘴抵着地面大嗥，嗥叫了两三声，山中百狼群集，包围着差役打转。差役十分窘迫。狼争着上前咬毛大福的绑绳，差役明白了它们的意思，便解开毛大福的绑缚，狼这才一起走了。

1. 解释下列加点的词。

（1）方怪异间＿＿＿＿＿＿＿＿＿

（2）敷药如法＿＿＿＿＿＿＿＿＿

（3）会毛货金饰＿＿＿＿＿＿＿＿

2. 请你对文中"狼"的形象做一个简单的评价。

狼

穿井得一人

《吕氏春秋》

知人论世

吕不韦（？—前235），姜姓，吕氏，名不韦，卫国濮阳（今河南濮阳西南）人。战国末年著名商人、政治家、思想家，官至秦国丞相。

吕不韦主持编纂的《吕氏春秋》（又名《吕览》），是集合门客共同编写的一部杂家代表作。全书二十六卷，有八览、六论、十二纪，共一百六十篇，汇集了先秦各派学说，"兼儒墨，合名法"，故史称"杂家"。书成之日，悬于国门，声称能改动一字者赏千金。此为"一字千金"。

这部作于战国时期的大作，保存了不少古代的遗文逸事和思想观念，具有一定的参考价值。

原文详解

宋①之丁氏，家无井而出溉汲②，

宋国有一户姓丁的人家，家里没有井，要到外面去浇田、打

常一人居外。及③其家穿井，告人曰：

水，经常要有一个人停留在外面（专门做这件事）。等到家里挖了

"吾穿井得一人。"有闻而传之者："丁氏

一口井之后，告诉别人说："我家挖井得到了一个人。"有人听说了

①宋：西周及春秋战国时期诸侯国，在今河南商丘一带。②溉汲（gàijí）：打水浇田。溉，浇灌、灌溉。汲，从井里取水。③及：待，等到。

穿井得一人。"国人④道⑤之,闻之于

这件事,并传播开来说:"丁家挖井挖到了一个人"国都里的人都在

宋君⑥。宋君令人问之于丁氏,丁氏对⑦曰:

讲述这件事,使宋国的国君知道了这件事。宋国国君派人向丁家询

"得一人之使⑧,非得一人于井中也。"

问,丁家答道:"(家里打了井,不必再派人到外面打水)得到了一个人

求闻之若此,不若无闻也。

的劳力,并非在井中得到了一个人。"打听到的消息如此,还不如不知道。

④国人:指居住在国都中的人。⑤道:讲述。⑥闻之于宋君:向宋国国君报告这件事。闻,听到,这里是"使听到"的意思。⑦对:应答,回答。⑧得一人之使:得到一个人使唤,指得到一个人的劳力。

知识梳理

1. 一词多义

(1) 之 　①宋之丁氏(助词,的)

　　　　②有闻而传之者(代词,这话)

　　　　③闻之于宋君(代词,这件事)

　　　　④求闻之若此(定语后置的标志,语序应为"若此之求闻")

(2) 于 　①宋君令人问之于丁氏(介词,向)

　　　　②非得一人于井中也(介词,在)

(3) 闻 　①有闻而传之者(动词,听说)

　　　　②求闻之若此(名词,传闻)

(4) 若 　①求闻之若此(像)

　　　　②不若无闻也(如,比)

(5) 得 　①吾家穿井得一人(得到)

　　　　②丁氏穿井得一人(挖到)

2.古今异义

（1）穿井得一人（古义：挖掘、开凿；今义：破、透）

（2）国人道之（古义：国都；今义：国家）

（3）国人道之（古义：讲述；今义：道理）

文本赏析

这则寓言告诉我们，对于传闻，要以审慎的态度进行分析、甄别，不要轻易相信传闻，也不要轻易传播未经证实的传闻。丁家打了一口井，省了一个人的劳力，相当于家里多了一个人——这是事情的真相。但在传播的过程中就变成了"丁家挖井挖出一个人来"。为什么会造成这样的讹传？原因有很多：丁氏对此表述不够清楚，这是其一；"有闻而传之者"未经调查分析就传播开去，这是其二；"国人"似乎也乐于接受这种离奇的传闻，于是愈传愈广，这是其三。事实上，我们现实生活中的许多谣传也是这样产生的，这个故事对于我们有很大的启示意义。

拓展链接

说说寓言的起源

寓言起源于民间，直接反映劳动人民的愿望、要求和理想，具有一定的哲理和寓意，表达了劳动人民的思想、感情和意志。它是从神话传说和动物故事演化而来的一种文体。

神话传说是它的摇篮。神话往往具有寓言的因素，有的甚至接近寓言的雏形。随着社会生产力的发展和人们认识水平的提高，人们有意识地运用联想、想象去表现从生活实践中升华、领悟出来的思想认识、经验总结，渐渐形成了寓言这种寄托着教训或哲理的文学样式。我们可以从古希腊和我国先秦寓言中找到神话与寓言间的渊源关系。如《伊索寓言》中出现了许多希腊、罗马神话中的神的形象,我国先秦寓言中所出现的古皇氏名有几十个之多,都是神话传说中的人物。

动物故事是它的源泉。原始人的生活和动物关系极为密切,动物不仅直接影响着靠渔猎维持生活的人们的经济生活,而且进入了他们的精神生活之中。许多原始绘画的描绘对象都是动物,人们的口头创作也常常以动物为主人公。动物故事的发展,反映了人与动物的现实关系。在远古时代,人的力量比野兽要弱小,所以在人类的意识里,老虎、狮子、狼、狐狸等具有超人的力量、超人的智慧,能给人类带来巨大危害,甚至某些民族把动物当作神来崇拜,以动物的形状或属性表现神的故事。后来由于生产力发展,人们开始捕猎、驯养野生动物,人类的意识也从对动物的恐惧和崇拜中解放出来。人类在熟悉动物生活,细致观察它们的形态、习性后,发现动物与人之间有某些相似之处,于是便通过想象赋予动物以人的性格,把动物"人格化",借以展现自己的理想,传达要说明的事理,于是便出现了早期的寓言。

思考探究

1.用"/"划分下列句子的朗读节奏。(每句只划分一处)

(1)宋君令人问之于丁氏

(2)非得一人于井中也

2.下列对句子中加点词的解释不正确的一项是　　　　　（　　）

A.常一人居外(居住)

B.及其家穿井(待,等到)

C.国人道之(道路)

D.宋君令人问之于丁氏(派)

3.用现代汉语翻译下列句子。

(1)国人道之,闻之于宋君。

(2)求闻之若此,不若无闻也。

4.宋君为什么要派人向丁家询问这件事？

5.这则寓言故事告诉我们一个什么道理？

课外配读

澄子亡缁衣

宋有澄子者,亡缁衣①,求之涂②。见妇人衣③缁衣,掺而弗舍④,欲取其衣,曰:"今者我亡缁衣!"妇人曰:"公诚亡缁衣,此实吾所自为⑤也。"澄子曰:"子不如速与我衣,昔吾所亡者纺缁⑥也,今子之衣禅缁⑦也。以禅缁当纺缁,子岂不得⑧哉?"

注释

①亡缁(zī)衣：遗失黑色的衣服。亡，丢失。②涂：同"途"。③衣：穿。④攓而弗舍：一把扯着不放开。攓，扯，牵。舍，放弃。⑤吾所自为：我自己缝制的。⑥纺缁：指黑色的夹衣。⑦禅缁：黑色的单衣。⑧得：合算。

参考译文

宋国有一个叫澄子的人，丢了一件黑色的衣服，到路上去寻找。看见一位妇人穿着一件黑衣服，就拉住不放，要拿走人家的衣服，说："今天我丢了一件黑衣服！"那妇人说："您虽然丢了一件黑衣服，但这件衣服确实是我自己做的。"澄子说："你不如赶快把衣服给我，先前我丢的是一件纺丝的黑衣服，现在你穿的是一件单的黑衣服。用你的单衣来赔偿我的纺丝的黑衣服，你岂不是已经占了便宜吗？"

思考探究

1. 解释下列加点的词。

(1) 子不如速与我衣＿＿＿＿＿＿＿＿＿

(2) 公诚亡缁衣＿＿＿＿＿＿＿＿＿

2. 简要分析选文的寓意。

欹器满覆

孔子观于鲁桓公之庙，有欹器①焉。孔子问于守庙者曰："此为何器？"守庙者曰："此盖为宥坐之器②。"孔子曰："吾闻宥坐之器者，虚则欹，中③则正，满则覆。"孔子顾④谓弟子曰："注水焉。"弟子挹⑤水而注之。中而正，满而覆，虚而欹。孔子喟然而叹曰："吁！恶⑥有满而不覆者哉！"

（选自《荀子·宥坐》）

注释

①欹（qī）器：一种盛水的器皿，无水时歪向一边。欹，倾斜，歪向一边。②宥（yòu）坐之器："座右铭"一般的器物。宥坐，放在座位右边，用来警诫自己。③中：装了一半水。④顾：回头看。⑤挹（yì）：舀，酌；把液体盛出来。⑥恶（wū）：哪里。

参考译文

孔子到鲁桓公的太庙中去参观，见到一种倾斜易覆的器具。孔子问看守庙宇的人："这是什么器具？"守庙宇的人回答说："这是用来给宽待赦免的人用来警示自己的器具。"孔子说："我听说宽待赦免的坐具，空着时会倾斜，装了一半水就会正，装满水了就会翻倒。"孔子回头对学生说："往里面灌水吧。"他的学生提水来灌，倒了一半水时欹器就端正了，装满了水后欹器就翻倒了，倒空了水它又倾斜了。孔子感慨地说："唉，怎么会有满了而不倾覆的呢？"

1.解释下列加点的词。

(1)孔子观于鲁桓公之庙＿＿＿＿＿＿＿＿＿

(2)吾闻宥坐之器者＿＿＿＿＿＿＿＿＿

2.选文中,面对传闻的"宥坐之器",孔子是怎么做的?

穿井得一人

杞人忧天

◆

《列子》

列子，名御寇，战国时期郑国圃田(在今河南省郑州市)人，道家学派著名的代表人物，著名的思想家、寓言家和文学家。列子及其弟子著有《列子》，对后代的哲学、文学、科技、宗教都有深远的影响。

《列子》是中国古代先秦思想文化史上著名的典籍，属于诸子学派著作，是一部智慧之书，它能开启人们心智，给人以启示，给人以智慧。

《列子》内容形式多为民间传说、寓言故事和神话等，都带有足以警世的教训，包含深刻的哲学思想，具有一定的文学价值。

杞国有人忧天地崩坠，身亡① ①亡(wú)：无，没有。

杞国有个人担忧天会塌地会陷落，自己无处容身，

所寄，废寝食者。

以至于整天睡不好觉，吃不下饭。

又有忧彼之所忧者，因往晓② ②晓：告知，开导。

另外又有个人为这个杞国人的担心而担心，就去

之，曰："天，积气③耳，亡处亡气。

开导他，说："天，不过是积聚的气体罢了，没有一个地方

若④屈伸呼吸，终日在天中行止⑤，

没有气的。你一举一动，一呼一吸，整天都在天空里活

奈何⑥忧崩坠乎？"

动，怎么还担心天会塌下来呢？"

其人曰："天果积气，日月星宿，

那个人说："天如果真的是积聚的气体，那日月星

不当坠耶？"

辰不就会掉下来吗？"

晓之者曰："日月星宿，亦积气中之

开导他的人说："日月星辰也是气体积聚的东西

有光耀者，只使⑦坠，亦不能有所中伤⑧。"

中那些能发光的，即使掉下来，也不会有什么伤害。"

其人曰："奈地坏何？"

那个人又说："地陷下去怎么办？"

晓之者曰："地，积块⑨耳，充塞四

开导他的人说："地不过是堆积的土块罢了，填满了

虚⑩，亡处亡块。若蹍步跐蹈⑪，终日

各个地方，没有一个地方是没有土块的。你踏步行走，整

在地上行止，奈何忧其坏？"

天都在地上活动，怎么还担心地会陷下去呢？"

其人舍然⑫大喜，晓之者亦舍然大喜。

那个杞国人放心了，非常高兴；开导他的人也放心了，非常高兴。

③积气：聚积的气体。④若：你。⑤行止：行动，活动。⑥奈何：为何，为什么。

⑦只使：纵使，即使。⑧中（zhòng）伤：伤害。

⑨积块：聚积的土块。⑩四虚：四方。⑪蹍（chú）步跐（cǐ）蹈：这四个词都是踩、踏的意思。

⑫舍（shì）然：消除疑虑的样子。舍，同"释"，解除，消除。

知识梳理

1. 通假释义

(1) 亡处亡气(同"无",没有)

(2) 其人舍然大喜(同"释",解除、消除)

2. 一词多义

(1) 中 ①终日在天中行止(方位名词,中间)

②亦不能有所中伤(动词,受到,遭受)

(2) 舍 ①其人舍然大喜(同"释",解除,消除)

②不舍昼夜(舍弃)

3. 古今异义

(1) 因往晓之(古义:告知,开导;今义:天刚亮的时候)

(2) 若屈伸呼吸(古义:你;今义:好像,如果)

(3) 充塞四虚(古义:处;今义:空虚,虚假)

4. 词类活用

奈地坏何(形容词活用作动词,塌陷)

文本赏析

这则寓言通过杞人忧天的故事,嘲笑了那种整天怀着毫无必要的担心和无穷无尽的忧愁,徒然自扰的庸人,告诉人们不要毫无根据地忧虑和担心。

文章重点刻画了一个"杞国人"的形象,他头顶蓝天,却整天担心蓝天会崩塌下来,脚踏大地,却成天害怕大地会陷落下去,以致睡不着觉,吃不下饭。他还担心天上的太阳、月亮、星星会掉下来,惶惶不可终日。在别人耐心的开导下,他又放下心,高兴极了。一个栩栩如生的形象就浮现在读者的眼前了。另外一个人物，开导杞人的热心人，他对天地星月的解释是不科学的，只是代表了当时的认识水平，但他那种关心他人的精神，耐心开导的方法，还是值得肯定的。古代道家学者长庐子也并不赞成这个开导者关于天地无毁的说法，他认为一切事物既有成，就有毁。而列子认为，天地无论成毁对人来说都是一样的。道的本质在于虚静无为，人也应该拥有笃守虚静的处世态度，不必在不可知的事物上浪费心智。

这则寓言的客观意义是值得重视的，它反映了当时自然科学在宇宙形成理论上的成果，所谓"积气""积块""日月星宿，亦积气中之有光耀者"等见解，其辩证思维水平之高，是令人信服的。

作者运用对话刻画人物，人物形象分明。故事短小，但寓意深刻，耐人寻味。文章基本以对话构成，言简意赅，逻辑严密，读来文气贯通。这则寓言也成为后世文人常用的典故，如李白有诗曰"杞国无事忧天倾"，即出于此。

拓展链接

为你打开阅读古代寓言之门

中国古代寓言是中华民族文化宝库中的璀璨明珠，它短小精悍，蕴涵着深刻精辟的道理和不少人文科学知识，凝聚了丰富宝贵的生活经验；它巧喻妙譬，有辛辣的讽刺，有恳切的劝诫；它赞扬善美，揭露丑恶，嘲讽愚陋，给人以智慧的启迪。阅读中国古代寓言，我们能从中学到如何正确处理人际关系、义利关系、得失关系、福祸关系等许多知识，有助于我们更加健康地成长。

那么，如何去阅读中国古代寓言故事呢？

一、我们要弄清寓言的出处。中国寓言历史悠久，源远流长，自先秦以来，可谓名家辈出，佳作如林。在诸子百家中，除语录体的《论语》《老子》外,其余作品中,如《庄子》《韩非子》《列子》《吕氏春秋》《孟子》《墨子》《晏子春秋》和《战国策》等均有丰富多彩的寓言,数量之多,为世界寓言史所罕见。到了唐宋元明时代,由于生产力的发展、经济的繁荣、学术思想和文化艺术的进步,寓言创作出现了第二个高峰。譬如柳宗元、苏轼、刘基、冯梦龙等人都写过不少寓言作品。我们在阅读古代寓言时,有必要了解寓言的出处,掌握相关的文史知识,增加自己的知识积累。

二、要掌握寓言的思想内容,准确概括寓意。寓言是用假托的故事或自然物的拟人手法,来说明某个道理或教训的文学作品,而寓意则寄托或隐藏其中。我们在阅读一篇寓言故事时,不能只停留在对故事本身的津津乐道上,应该用心去洞察故事深刻的思想内涵,准确把握寓意,从而有所感悟,有所收获。

三、要了解寓言所运用的修辞手法。寓言的故事情节往往非常新奇,能唤起人们丰富的联想。作者往往借助比喻、拟人、夸张等修辞手法将深刻的道理寄寓在故事中,因此,我们在阅读寓言时,不要忽视对其中的修辞手法的理解,要深入体会这些修辞手法的重要作用。

思考探究

1. 下列句子中加点词意思相同的一项是 （ ）

A. 奈何忧崩坠乎/人不堪其忧

B. 若屈伸呼吸/未若柳絮因风起

C. 其人舍然大喜/过中不至,太丘舍去

D. 终日在天中行止/止有剩骨

2. 用现代汉语翻译下列句子。

(1)杞国有人忧天地崩坠,身亡所寄,废寝食者。

（2）天果积气，日月星宿，不当坠耶？

3. 人们常用"杞人忧天"这个成语来比喻_____

_____。

4. 文中的"杞人"和"晓之者"身上分别有什么值得我们学习的地方？

杞人：

晓之者：

课 外 配 读

曾参杀人

　　昔者曾子处费①，费人有与曾子同名族②者而杀人。人告曾子母曰："曾参杀人!"曾子之母曰："吾子不杀人。"织自若③。有顷④焉，人又曰："曾参杀人!"其母尚织自若也。顷之，一人又告之曰："曾参杀人!"其母惧，投杼逾墙而走。夫以曾参之贤与母之信也，而三人疑之，则慈母不能信也。

（选自《战国策》）

注 释

　　①处费：住在费地。②同名族：宗族姓名相同。③自若：像原来的样子。④有顷：没过多久。

参考译文

　　过去曾参的家在费地，费地有个跟曾参同名同姓的人杀了人。有人向曾子的母亲报告说："曾参杀人了！"曾子的母亲说："我的儿子是绝对不会去杀人的。"像原来一样自若地织布。没过多久，又有一个人跑到曾子的母亲面前说："曾参在外面杀了人！"曾子的母亲仍然不去理会这句话。她还是坐在那里不慌不忙地穿梭引线，照常织着自己的布。又过了一会儿，第三个人跑来对曾母说："曾参杀了人！"曾母心里骤然紧张起来，急忙扔掉手中的梭子，端起梯子，越墙逃走了。虽然曾参贤德，他母亲对他信任，但有三个人怀疑他（杀了人），所以慈爱的母亲也不相信他了。

思考探究

　　1. 解释下列加点的词。
　　(1) 昔者曾子处费＿＿＿＿＿＿＿＿＿＿
　　(2) 其母尚织自若也＿＿＿＿＿＿＿＿＿
　　(3) 投杼逾墙而走＿＿＿＿＿＿＿＿＿＿
　　2. 选文说明了一个什么道理？

沈屯子多忧

　　沈屯子偕友入市，闻谈者言："杨文广①围困柳州城中，内乏粮饷，外阻援兵。"蹙然诵叹不已。友曳之归。日夜念不置，曰："文广围困至此，何由得解？"从此悒悒②成疾。家人劝之徘徊郊外，以纾③其意。又忽见道上有负竹入市者,则又念曰:"竹末甚锐,衢上行人必有受戕者。"归而益忧。夫世之多忧者类此也。

(选自刘元卿《贤奕编》)

注释

①杨文广:北宋名将。②悒悒:忧愁。③纾:缓解。

参考译文

沈屯子与朋友一块儿来到集市上,听说书人说道:"杨文广被围困柳州城中,里面缺少粮食,外面的援兵被阻挡。"他立时紧皱眉头,站在一旁唏嘘不已。朋友把他拉回家中。他竟日夜不忘此事,口中不住地念叨着:"文广被围困在那里,怎么才能解脱呢?"他竟因此忧愁得生了一场大病。家人劝他到外面走走,散散心。途中正好看见有人扛着一捆竹竿去集市上卖,他心中暗想:"竹竿梢头非常锐利,街上行人这么多,一定会有人被戳着剐着的。"回到家后,他更忧郁了。世界上多忧虑的人都是这样的吧。

思考探究

1.解释下列加点的词。

(1)忽见道上有负竹入市者＿＿＿＿＿＿＿＿＿＿

(2)归而益忧＿＿＿＿＿＿＿＿＿＿

2.选文中沈屯子的"多忧",是不必要的担忧,还是居安思危?请谈谈你的看法。

杞人忧天

孙权劝学

《资治通鉴》

知人论世

司马光（1019—1086），字君实，陕州夏县（今属山西）涑水乡人，世称涑水先生。北宋政治家、史学家。

《资治通鉴》是司马光主持编纂的一部编年体通史，记载了从战国到五代共1362年间的史事。在这部书里，编者总结出许多治国的经验教训，供统治者借鉴，书名的意思是"鉴于往事，有资于治道"，即以历史的得失作为鉴诫来加强统治。

北宋时代，结束了中唐以来的长期混战局面，实现了国家统一，恢复和发展了社会经济，繁荣了学术文化。同时，内政多弊，边防不力，积贫积弱，局势不稳。当时，具有文化知识的人们，特别是历史学家，如司马光、范祖禹等，往往面对现实而回顾历史，企图总结历史经验教训，有资于治国安邦，更好地解决现实矛盾。于是，《资治通鉴》应运而生。

《资治通鉴》的内容以政治、军事和民族关系为主，兼及经济、文化和历史人物评价。全书二百九十四卷，约三百多万字，另有考异、目录各三十卷。《资治通鉴》所记历史年代，上起周威烈王二十三年（前403），下到五代周显德六年（959），前后共1362年。《资治通鉴》自成书以来，历代帝王将相、文人骚客、各界要人争读不止。作为历代君王的教科书，对《资治通鉴》的称誉，除《史记》之外，几乎没有任何一部史著可与之媲美。

初,权谓吕蒙①曰:"卿②今当涂③掌事,

当初,孙权对吕蒙说:"你现在当权管事了,不可不学

不可不学!"蒙辞④以军中多务⑤。权曰:

习!"吕蒙以军中事务多来推辞。孙权说:"我难道想要你

"孤⑥岂欲卿治经⑦为博士⑧邪⑨!但⑩当涉

钻研经书当博士吗?只应当粗略地阅读,了解历史罢了。你

猎⑪,见往事⑫耳。卿言多务,孰若孤?孤常

说事务多,比起我来怎么样?我经常读书,自认为大有益

读书,自以为大有所益。"蒙乃始就学。及⑬

处。"吕蒙于是开始学习。到了鲁肃经过寻阳的时候,鲁肃

鲁肃过⑭寻阳⑮,与蒙论议,大惊曰:"卿今

和吕蒙论议国家大事,十分惊奇地说:"以你现在的才干、

者⑯才略⑰,非复⑱吴下⑲阿蒙⑳!"蒙曰:"士

谋略来看,你不再是原来那个吴下阿蒙了!"吕蒙说:"士

别三日,即更㉑刮目相待㉒,大兄㉓何见事㉔

三日,就要另外拭目相看,长兄知道这件事怎么这么晚呢!"

之晚乎!"肃遂拜蒙母,结友而别。

鲁肃于是叩拜吕蒙的母亲,与吕蒙结为朋友,然后分别了。

①吕蒙(178—219):字子明,汝南富陂(今安徽阜南东南)人,东汉末孙权手下的将领。②卿:古代君对臣的爱称。朋友、夫妇间也以"卿"为爱称。③当涂:当道,当权。④辞:推托。⑤务:事务。⑥孤:古时王侯的自称。⑦治经:研究儒家经典。经,指《易》《书》《诗》《礼》《春秋》等书。⑧博士:专掌经学传授的学官。⑨邪(yé):语气词,同"耶"。⑩但:只,只是。⑪涉猎:粗略地阅读。⑫见往事:了解历史。见,了解。往事,指历史。⑬及:到,等到。⑭过:经过。⑮寻阳:古县名,治所在今湖北黄梅西南。⑯今者:如今,现在。⑰才略:才干和谋略。⑱非复:不再是。⑲吴下:泛指吴地。⑳阿蒙:吕蒙的小名。㉑更:另,另外。㉒刮目相待:拭目相看,用新的眼光看待他。刮,擦拭。㉓大兄:对朋友辈的敬称。㉔见事:知晓事物。

孙权劝学

知识梳理

1.一词多义

（1）当 ①卿今当涂掌事（掌管，主持）

②但当涉猎（应当）

（2）见 ①见往事耳（了解）

②大兄何见事之晚乎（知晓，认清）

2.古今异义

博士（古义：专掌经学传授的学官；今义：学位的最高一级）

3.特殊句式

（1）蒙辞以军中多务（状语后置，应为"蒙以军中多务辞"）

（2）与蒙论议，大惊曰（省略了主语"鲁肃"）

文本赏析

《孙权劝学》讲述了孙权劝导吕蒙学习，使吕蒙才略得到提高的故事。文章虽只有百余字，却塑造了三个个性鲜明的人物形象。这主要得益于文章采用的多种表现手法。

巧用对比。文章题为《孙权劝学》，本身就将学与不学进行了对比，非但如此，对比手法还贯穿了全文。首先是目的对比，孙权让吕蒙学习，并非让他成为研究经典的"博士"，而是让他"涉猎"群书，"见往事"。其次是人物对比。吕蒙以"军中多务"辞而不学，孙权即将自己与吕蒙比较，"卿言多务，孰若孤"？指出吕蒙的托词不能成为不学的借口，这样吕蒙再也无法推却，只好"就学"了。这两处对比，既突出了"开卷有益"的思想，又体现了孙权的"善劝"。再次是今昔对比。眼下的阿蒙与当年有勇无谋、学识浅薄的吴下阿蒙，简直判若两人了。最后是态度对比。吕蒙在受到鲁肃的称赞后，也非常得意。其言语突出了学习的巨大作用，自豪之情溢于言表，且与前面托词不学形成鲜明的对比，表现了吕蒙知错能改、好学、豪爽的品格。

善用对话。孙权的善劝、鲁肃的惜才、吕蒙的自得均通过对话来表现；孙权劝学、鲁肃赞学均以对话来构建。这些对话言简而意丰、生动而传神，极富人情味，只寥寥数语，就传神地展示了三个人说话时的口吻、神态和心理。

侧面烘托。吕蒙"就学"后才略有了惊人的长进，对此，文章没有明言，而是通过鲁肃赞学这一侧面烘托出来的。"卿今者才略，非复吴下阿蒙！"这是鲁肃与吕蒙论议后情不自禁地发出的赞叹。在鲁肃眼中，吕蒙的变化之大简直前后判若两人。值得一说的是，鲁肃地位高，学识渊博，能得到这位长者赞叹，更见吕蒙的长进非同一般。文章以"肃遂拜蒙母，结友而别"结尾，表明了鲁肃折服于吕蒙的才略，愿与其深交，也表现出鲁肃的敬才、爱才。这一补笔，成了"论议"的余韵，也是侧面烘托最成功的一笔，令人回味无穷。

拓展链接

司马光逸事

一、关键词：勤勉好学

《三朝名臣言行录》曾记载，司马光幼时常常担心学问不如人，别人出去游玩了，他却独自苦读，直到成诵为止。司马光"警枕"的故事更是文坛佳话。这个故事说的是他着手编《资治通鉴》后，做了个圆木枕头，取名"警枕"。晚上，他头枕圆木，进入梦乡，稍一动，警枕滚动，便把自己惊醒了。一醒来，他即刻起床，握笔写书。

二、关键词：戒奢俭朴

司马光身为朝廷重臣，晚年官至宰相，本可以过上奢华的生活。但他一生清廉俭朴，视节俭为美德，视奢侈为恶首。他平生"衣取蔽寒，食取充腹"，甚至"典地葬妻"，连他的政敌王安石也钦佩他的德行，愿与之为邻。他还以家训的形式写了《训俭示康》，告诫儿子司马康要俭朴自律，切莫贪图奢侈和富贵而"枉道速祸"。司马康自小以俭为训，入仕后，历任校书郎和著作郎兼侍讲，以博古通今、廉洁俭朴称誉于后世。

三、关键词：万人景仰

司马光退居洛阳15年，专事著史，《资治通鉴》以"鉴于往事，资于治道"得到了宋英宗和宋神宗的称赞。宋英宗同意他设书局，宋神宗给书命名为《资治通鉴》并亲自写序文，还赐史书，配助手，出资费，提供极优厚的著书条件。司马光为相，温厚正直，尽心治国，京城风气为之一变，颇受百姓拥戴。他呕心沥血，病入膏肓仍不忘国事。噩耗传出，京城自发前往吊唁者数千人；及其子孙扶柩还乡，很多人前来送葬，像丧亲一样哀痛。一个封建社会的宰相，能得到民众如此广泛真诚的悼念，实属罕见。

思考探究

1. 解释下列加点的词。

(1) 治经为博士邪 _____

(2) 但当涉猎 _____

(3) 非复吴下阿蒙 _____

(4) 即更刮目相待 _____

2. 下列对句子中加点词的解释相同的一项是　　　　　（　　）

A. 但当涉猎，见往事耳/见异思迁

B. 卿言多务，孰若孤/言之有物

C. 蒙乃始就学/避难就易

D. 及鲁肃过寻阳/望尘莫及

3. 用现代汉语翻译下列句子。

(1) 但当涉猎，见往事耳。

（2）卿今者才略，非复吴下阿蒙！

（3）肃遂拜蒙母，结友而别。

4.文章篇幅短小，但塑造的人物形象鲜明。请选择其中一个形象进行简析。

课外配读

吕蒙入吴

吕蒙入吴，王劝其学。乃博览群籍，以《易》为宗。尝在孙策坐酣醉，忽于眠中，诵《易》一部，俄而起惊。众人皆问之。蒙云："向梦见伏羲、文王、周公，与我言论世祚①兴亡之事，日月广明之道，莫不穷精极妙；未该玄②言，政③空诵其文耳。"众坐皆知蒙呓诵文也。

（选自《太平广记》）

注释

①世祚：指国运。②玄：深奥。③政：只，仅仅。

参考译文

吕蒙为吴国效力后，吴国的主公孙权劝他学习。吕蒙于是以《易经》为主，看了很多书。有一次他在孙策家里喝酒喝多睡着了，忽然在梦中将《周易》背诵了一遍，然后突然醒了过来。大家都问他怎么回事。吕蒙说："我梦到了伏羲、文王、周公和我谈论国运兴衰的事情，日月运行的道理，都非常精妙；我没有完全理解，所以只好背诵这篇文章。"在座的人都知道吕蒙做梦的时候在朗诵文章。

思考探究

1. 下列句子中加点的词解释不正确的一项是　　　　　　（　　）

A. 卿今当涂掌事（古代君对臣子的爱称）

B. 孤岂欲卿治经为博士邪（古时大臣的谦称）

C. 乃博览群籍（于是，就）

D. 向梦见伏羲、文王、周公（刚才）

2. 选文中吕蒙的好学体现在哪些方面？请用自己的话概括。

吕蒙劝谏

蒙①少不修书传，每陈大事，常口占②为笺疏③。常以部曲事④为江夏太守蔡遗所白，蒙无恨意。及豫章太守顾邵卒，权问所用，蒙因荐遗奉职佳吏。权笑曰："君欲为祁奚⑤邪？"于是用之。甘宁粗暴好杀，既常失蒙意，又时违权令，权怒之，蒙辄陈请："天下未定，斗将如宁难得，宜容忍之。"权遂厚宁，卒得其用。

（选自《三国志·吴志·吕蒙传》）

注释

①蒙：吕蒙，东汉末年名将。②口占：口授其辞。③笺疏：奏章。④部曲事：部下的不好的事情。⑤祁奚：字黄羊，春秋时晋国人。他曾推荐自己的杀父仇人解狐替代自己的职位。

参考译文

吕蒙年轻时不研究经卷，每次上报重大事件，经常口述写成奏折。曾因部下的事被江夏太守蔡遗告发，他一点儿也不怨恨。等到豫章太守顾邵去世，孙权询问他应该让谁继任太守，他推荐蔡遗。孙权笑着问他说："你想要做祁奚吗？"于是任用了蔡遗。大将甘宁性情粗暴，轻于杀戮，不但经常违背吕蒙的心意，而且不时违犯孙权的命令，孙权对此颇为恼火，吕蒙却总是为他说情："天下还没有安定，像甘宁这样的战将难得，应对他宽容忍耐。"孙权听了吕蒙的话，对甘宁很好。后来，甘宁为东吴做出了巨大的贡献。

思考探究

1.解释下列加点的词。

(1)及豫章太守顾邵卒＿＿＿＿＿＿＿＿＿＿

(2)权怒之＿＿＿＿＿＿＿＿＿＿

2.下列对文章内容理解不正确的一项是　　　　　　（　　　）

A.这篇文章选取了吕蒙推荐与之有嫌隙的蔡遗担任官职、宽容猛将甘宁的典型事例。

B.孙权提到祁奚,意在含蓄地提醒吕蒙应该以祁奚为榜样,也暗示了他对蔡遗的认可。

C.吕蒙劝说孙权要宽容甘宁,是因为可以利用甘宁的威猛,来帮孙权平定天下。

D.《孙权劝学》与本文都运用了传神的语言描写,言简意丰。

卖油翁

欧阳修

卖油翁

知人论世

欧阳修(1007—1072),字永叔,号醉翁,晚号六一居士,谥号文忠,吉州吉水(今属江西)人,北宋政治家、文学家。在文学创作上,欧阳修是北宋诗文革新运动的领袖,散文成就最高,为"唐宋八大家"之一。其散文说理畅达,抒情委婉,名作有《醉翁亭记》《秋声赋》等;诗风与散文近似,流畅自然,名作有《戏答元珍》等;其词清丽深婉,名作有《蝶恋花(庭院深深深几许)》等。

《归田录》是欧阳修晚年写的笔记小说。欧阳修在《归田录·自序》中说:"《归田录》者,朝廷之遗事,史官之所不记,与夫士大夫笑谈之余而可录者,录之以备闲居之览也。"身为史学专家,欧阳修运用史传叙事技巧得心应手,但《归田录》为随笔写作,每则故事短小精悍,内容以日常生活为主,不刻意褒贬,语言简洁,形式灵活,风格平易闲适,不仅具有文学价值,还有重要的史料价值。

原文详解

陈康肃公①善射②,当世无双,

康肃公陈尧咨擅长射箭,当世没有第二个人可与之媲美,

①陈康肃公:即陈尧咨,字嘉谟,谥号康肃,阆(làng)州阆中(今属四川)人,北宋官员。公,对男子的尊称。②善射:擅长射箭。

公亦以此自矜③。尝射于家圃④，

他也因此而自夸。曾经有一次，陈尧咨在自家园子里射箭，有

有卖油翁释担⑤而立，睨⑥之久而不去。

个卖油老翁放下担子站着，斜着眼睛看他射箭，很久不离开。

见其发矢十中八九，但微颔之⑦。

(老翁)见陈尧咨射出十支箭能射中八九支，只是对他微微点头。

康肃问曰："汝亦知射乎？吾射不亦精

陈尧咨问道："你也懂得射箭吗？我的射箭技艺难道不精

乎？"翁曰："无他⑧，但手熟尔⑨。"康肃忿

吗？"老翁说："没有别的奥妙，只是手法技艺熟练罢了。"陈尧

然⑩曰："尔安⑪敢轻吾射⑫！"翁曰：

咨气愤地说："你怎么敢轻视我射箭的本领！"老翁说："凭我倒油

"以我酌油知之⑬。"乃取一葫芦置于地，

的经验知道射箭是凭手熟的道理。"于是老翁拿出一个葫芦放在

以钱覆⑭其口，徐⑮以杓⑯酌油沥之，

地上，将一枚铜钱盖在葫芦口，(然后)慢慢地用勺舀起油滴入葫

自钱孔入，而钱不湿。因曰："我亦无他，

芦，油从铜钱的方孔注入，而铜钱没有被沾湿。于是老翁说："我也

惟手熟尔。"康肃笑而遣之⑰。

没有别的奥妙，只是手法技艺熟练罢了。"陈尧咨笑着让他走了。

③自矜(jīn)：自夸。④圃：园子。⑤释担：放下担子。释，放下。⑥睨(nì)：斜着眼看，这里形容不在意的样子。⑦但微颔(hàn)之：只是对他微微点头(意思是略微表示赞许)。颔，点头。⑧无他：没有别的(奥妙)。⑨但手熟尔：只是手法技艺熟练罢了。熟，熟练。尔，同"耳"，相当于"罢了"。⑩忿然：气愤的样子。然，表示"……的样子"。⑪安：怎么。⑫轻吾射：轻视我射箭的本领。轻，轻视。⑬以我酌(zhuó)油知之：凭我倒油(的经验)知道这个(道理)。以，凭、靠。酌，舀取，这里指倒入。之，指射箭是凭手熟的道理。⑭覆：盖。⑮徐：慢慢地。⑯杓：同"勺"。⑰遣之：让他走。遣，打发。

知识梳理

1. 通假释义

徐以杓酌油沥之(同"勺",勺子)

2. 一词多义

射　①陈康肃公善射(动词,射箭)
　　②吾射不亦精乎(名词,射箭的技艺)

3. 古今异义

(1)但微颔之(古义:只;今义:表示转折的连词)

(2)尔安敢轻吾射(古义:怎么;今义:平安,安全)

4. 词类活用

(1)但微颔之(名词用作动词,点头)

(2)尔安敢轻吾射(形容词用作动词,轻视)

5. 特殊句式

(1)我亦无他,惟手熟尔(判断句,没有特殊标志)

(2)尝射于家圃(倒装句,状语后置,应为"尝于家圃射")

文本赏析

《卖油翁》一文通过短小精悍的故事,阐述了一个耐人寻味的道理。故事生动有趣,文字浅显易懂,篇章简洁无奇,但朴实的人物语言,却刻画了两个鲜明的人物形象,揭示出深刻的人生哲理,颇值得品味。

一、以小见大,寓理于事

《卖油翁》共两段,第一段写了陈尧咨因"善射"而"自矜",也写了卖油翁对陈尧咨高超的箭术不屑一顾,为第二段两人的碰撞埋下伏笔。第二段主要是以二人的对话展开情节的。陈尧咨首先发难,大有威逼之势,言语之间,不乏轻蔑和质问之意。面对此情景,卖油翁不慌不忙应对,流露出藐视之意。接着卖油翁亲自"酌油",用事实向陈尧咨证明自己的观点。作者通过这个日常生活中的小故事告诉人们一个道理:熟能生巧,即使有什么长处也没骄傲自满的理由。

二、制造波澜,塑造形象

《卖油翁》既有生动的故事情节,又有典型的艺术形象。作者以极其简练的语言,把两者紧密地结合起来,形成了显著的艺术特色——只用不足二百字的篇幅,经过精心构思,描写了完整的故事,有序幕,有高潮,有尾声,矛盾冲突,互为交错。欲扬先抑手法的运用,使全文波澜起伏、引人入胜。文中着力刻画的两个主要人物——陈尧咨和卖油翁的言行,使他们神态毕现,一骄一谦,形成鲜明对比,骄者可憎,谦者可爱。最后陈尧咨知错能改,也还是令人喜爱的。

三、剪裁合理,详略得当

《卖油翁》把生活中的素材作了合理的剪裁处理。该略,惜墨如金;该详,泼墨如水。整篇文章不足二百字,但情节完整,重点突出。开头虽然赞扬陈尧咨的射技,却没有具体交代他的射技如何高超,仅用"十中八九"一笔带过,因为主角是卖油翁,写陈尧咨的善射,只是为了衬托卖油翁的善酌。因此,对陈尧咨的射技之精只作概括交代,不加渲染,大量的笔墨都用在了描述卖油翁"酌油"的过程上。精当的剪裁,使文章的主题更加鲜明突出。

四、语言精练,以少胜多

文字贵精,此篇文笔简练到了炉火纯青的地步,实在是作者苦心斟酌的结果。例如"取""置""覆""酌""沥"等动词的运用,准确生动地展示了卖油翁精湛的技艺,充分说明了熟能生巧的道理,言简而意丰。

总之,这篇文章虽然篇幅短小,语言浅易,但展示了生动的故事情节,塑造了鲜明的人物形象,阐述了深刻的人生哲理,真不愧"小巧中见大韵,平淡中显奇警"。

古人勤学小故事

有些成语可作为激励我们奋发读书的座右铭,本文便辑录了一些与苦读有关的成语,希望同学们在理解成语意思的同时,不要忘了学习其刻苦读书的精神。

穿壁引光　也作"凿壁偷光",即从墙壁凿穿一孔,从缝隙中借邻居家的灯光看书。形容好学,刻苦读书。晋代葛洪在《西京杂记》第二卷中说:"有一个叫匡衡的年轻人,嗜好读书,但是因为家里穷,点不起蜡烛,一到夜里就不能继续读书了。有一天夜里,他实在太想看书了,于是就想出了一个办法:何不借用邻居家的灯光来读书呢?于是,他就在自己家的墙壁上凿了一个小孔,借着微弱的光,他又开始如痴如狂地读书了。"

积雪囊萤　也作"囊萤映雪",形容刻苦攻读。积雪,南朝孙康映雪读书。据说孙康酷爱读书,即使在漫漫雪夜,也不放弃借雪光读书的机会。囊萤,晋代车胤把萤火虫装在口袋里,借萤光读书。

青灯黄卷　青灯,指油灯,灯光呈青黄色。黄卷,指书籍,古代纸张多用一种黄色的料剂涂染,以防虫蛀,所以呈黄色。青灯黄卷形容辛勤攻读。据金人完颜寿《沁园春》中书写自己的读书历程:少壮之时沉迷读书,即在"青灯黄卷"的读书生涯中自己识得读书做人的真谛,可到了中年,却落了个清贫更甚的结局。这是封建时代刻苦读书人的大致缩影。

磨穿铁砚　磨穿了铁铸的砚台。比喻刻苦学习,坚持不懈。《新五代史·桑维翰传》记载:桑维翰最初考进士时,因为主考官厌恶他的姓,即"桑"与"丧"谐音,于是就没有录取他。回去后他发誓要学富五车,还铸造了一个铁砚,天天抄书不止,有一天铁砚竟被磨穿了,最后他终于考

卖油翁

中了进士。

悬梁刺股　把头发挂在梁上,用锥子刺自己的大腿。形容发愤刻苦学习。《汉书》记载:孙敬喜读书,晚上用绳子系住头发,悬挂在屋梁上,以免睡着,最后终于成为一代大儒。《战国策》记载:苏秦"读书欲睡,引锥自刺其股,血流至足"。后用"悬梁刺股"形容读书学习发愤刻苦。

思考探究

1. 文学常识填空。

本文节选自《＿＿＿＿＿＿＿＿》,作者是＿＿＿＿＿＿,＿＿＿＿＿朝(朝代) 著名文学家、政治家,字 ＿＿＿＿＿,号 ＿＿＿＿＿,晚年又号＿＿＿＿＿＿＿＿,"唐宋八大家"之一。

2. 解释下列加点的词。

(1)尝射于家圃＿＿＿＿＿＿＿＿＿

(2)有卖油翁释担而立＿＿＿＿＿＿＿＿＿

(3)但微颔之＿＿＿＿＿＿＿＿＿

(4)惟手熟尔＿＿＿＿＿＿＿＿＿

3. 下列句子中加点词的意义和用法完全相同的一项是　　　(　　)

A. 以我酌油知之/徐以杓酌油沥之

B. 睨之/笑而遣之

C. 尝射于家圃/乃取一葫芦置于地

D. 但手熟尔/尔安敢轻吾射

4. 用现代汉语翻译下面的句子。

因曰:"我亦无他,惟手熟尔。"

5.课文主要写了几件事？说明了怎样的道理？

6.找出文中表示陈康肃心理变化的词语,并说说这其中的变化反映了什么。

课外配读

入木三分

晋王羲之,字逸少,旷①子也。七岁善②书,十二见前代《笔说》③于其父枕中④,窃⑤而读之。父曰:"尔何来窃吾所秘?"羲之笑而不答。母曰:"尔看用笔法?"父见其小,恐不能秘之,语羲之曰:"待尔成人,吾授⑥也。"羲之拜请⑦:"今而用之,使待成人,恐蔽⑧儿之幼令⑨也。"父喜,遂与⑩之。不盈⑪期月,书⑫便大进。

卫夫人⑬见,语太常王策曰:"此儿必见用笔诀,近见其书,便有老成之智。"流涕曰:"此子必蔽吾名。"晋帝时,祭北郊,更祝版⑭,工人削之,入木三分。

(选自张怀瓘《书断·王羲之》)

注 释

①旷：王旷，王羲之之父。②善：擅长，善于。③《笔说》：论如何写好书法的书籍，同下文的"用笔法""用笔诀"。④枕中：古人的枕头材质多样，往往中空，可以放置物品。⑤窃：偷。⑥授：传授。⑦请：请求。⑧蔽：阻碍，耽搁。⑨幼令：幼年时的美好才华。⑩与：给予。⑪盈：满。⑫书：书法。⑬卫夫人：东晋女书法家。相传王羲之少时曾从其学书。⑭祝版：指书写祝文的木板，祭祀时所用。

参 考 译 文

晋朝王羲之，字逸少，王旷的儿子。七岁就擅长书法，十二岁从他父亲的枕中看见前代人谈论书法的书《笔说》，偷来读，父亲说："你为什么要偷我的秘籍？"王羲之笑着却不回答。母亲问："你看的是用笔法吗？"父亲看他年少，恐怕不能守住秘密，告诉王羲之说："等你长大成人，我再教你书法。"羲之跪拜，说："现在就让儿子看看这书吧，长大再看就耽误了儿子幼年发展了。"父亲很高兴，立刻就把书给了他。还不到一个月时间，他的书法就有了很大进步。

卫夫人知道后，告诉太常王策说："这孩子一定正在看用笔诀，最近看见他的书法，就已老成大器。"流着眼泪说："这孩子将来一定能大过我的名声。"晋帝时，祭祀北郊，更换祝版，工匠刻字由王羲之书写，笔法入木三分。

思 考 探 究

1. 解释下列加点的词。

(1) 恐不能秘之_____

(2) 恐蔽儿之幼令也_____

（3）不盈期月＿＿＿＿＿＿＿＿＿＿

（4）更祝版＿＿＿＿＿＿＿＿＿＿

2.读了此文，说说你从童年王羲之身上学到了什么。

纪昌学射

甘蝇，古之善射者，彀弓①而兽伏鸟下。弟子名飞卫，学射于甘蝇，而巧过其师。纪昌者，又学射于飞卫。飞卫曰："尔先学不瞬，而后可言射矣。"

纪昌归，偃卧其妻之机下，以目承牵挺②。二年之后，虽锥末倒眦③而不瞬也。以告飞卫。飞卫曰："未也，必学视而后可。视小如大，视微如著，而后告我。"

昌以悬虱于牖④，南面而望之，旬日之间，浸⑤大也；三年之后，如车轮焉。以睹余物，皆丘山也。乃以燕角之弧，朔蓬⑥之簳射之，贯虱之心，而悬⑦不绝。

以告飞卫。飞卫高蹈拊膺⑧曰："汝得之矣。"

（选自《列子·汤问》）

注释

①彀（gòu）弓：使劲把弓拉开。②以目承牵挺（tǐng）：用眼睛盯着织布机的梭子。另一说，牵挺即踏脚板。③锥末倒眦（zì）：锥子的尖端刺到眼眶。末，尖。倒，刺。④牖（yǒu）：窗户。⑤浸：逐渐。⑥朔蓬：北方的蓬竹。⑦悬：这里指悬挂虱的"牦"。⑧高蹈拊膺：跳起来拍着胸脯。

参考译文

甘蝇是古代擅长射箭的人，拉上满弓还未发射，鸟兽便都趴下了。有个弟子飞卫，向甘蝇学习射箭，(技艺)又超过其师父。有个叫纪昌的，又向飞卫学习射箭。飞卫说："你先学不眨眼睛，然后才能谈及射箭。"

纪昌回到家，仰卧在妻子的织布机下，眼睛注视着梭子(练习不眨眼睛)。两年后，即使用锥尖刺(纪昌的)眼皮，他也不会眨眼。(他把这件事)告诉飞卫，飞卫说："功夫还不到家，还要学会看东西才可以——把小的看大，把微小的看出显著，然后再来告诉我。"

纪昌用牦牛毛系着虱子悬挂在窗户上，从南面来练习看。十天过后，(虱子在纪昌眼中)渐渐变大；三年之后，感觉像车轮般大了。看周围其余东西，都像山丘般大。于是就用燕国牛角装饰的弓，北方蓬杆造成的箭，射向虱子，正穿透虱子中心，而拴虱子的毛却没断。

(把这件事)告诉飞卫。飞卫高兴得跳起来拍着胸脯说："你掌握技巧了。"

思考探究

1. 解释下列加点的词。
(1)纪昌归 _____
(2)视微如著 _____
(3)以睹余物 _____
2. 本文主要写纪昌向飞卫学射，为什么开篇却写甘蝇的射技？

陋室铭

刘禹锡

知人论世

刘禹锡(772—842),字梦得,洛阳(今属河南)人,自言系出中山(今河北境内),唐代文学家。贞元进士,曾官监察御史。

刘禹锡在任监察御史期间,参加了王叔文的"永贞革新",反对宦官和藩镇割据势力。革新失败后,被贬至安徽和州当通判。按规定,通判应在州衙里住三间三厢的房子。可和州知州见刘禹锡被贬,故意刁难他。和州知州先安排他在城南面江而居,刘禹锡非但无怨言,反而很高兴,还随意写下两句话,贴在门上:"面对大江观白帆,身在和州思争辩。"和州知州知道后很生气,吩咐衙里差役把刘禹锡的住处从州城南门迁到州城北门,面积由原来的三间减少到一间半。新居位于德胜河边,附近垂柳依依,环境也还可心,刘禹锡仍不计较,并见景生情,又在门上写了两句话:"垂柳青青江水边,人在历阳心在京。"

那位知州见刘禹锡仍然悠闲自乐,满不在乎,又再次派人把他调到州城中部,而且只给一间只能容下一床、一桌、一椅的小屋。半年时间,知州强迫刘禹锡搬了三次家,面积一次比一次小,最后仅是斗室。刘禹锡遂愤然提笔写下这篇《陋室铭》,并请人刻在石碑上,立在门前。

原文详解

山 不 在 高 ， 有 仙 则 名①。

山不一定要高，有仙人(居住)就有名；水不一定

水 不 在 深 ， 有 龙 则 灵②。

要深，有龙(居住)就显得神异。这是简陋的屋舍，

斯 是 陋 室 ， 惟 吾 德 馨③。

只因我的品德好就不感到简陋了。苔痕蔓延到阶上，

苔 痕 上 阶 绿 ， 草 色 入 帘 青④。

使台阶都绿了；草色映入竹帘，使室内染上青色。

谈 笑 有 鸿 儒⑤ ， 往 来 无 白 丁⑥。

到这里谈笑的都是知识渊博的学者，交往的没有

可 以 调 素 琴⑦ ， 阅 金 经⑧。 无 丝 竹

平民。可以弹奏素朴的古琴，阅读泥金书写的佛经。

之 乱 耳⑨ ， 无 案 牍 之 劳 形⑩。

没有世俗的乐曲扰乱心境，没有官府的公文劳神伤身，

南 阳 诸 葛 庐⑪ ， 西 蜀 子 云 亭⑫。

它好比南阳诸葛亮的草庐，西蜀扬子云的亭子。

孔 子 云 ： 何 陋 之 有⑬ ？

孔子说：这有什么简陋的呢？

①名：出名，有名。②灵：神异。③斯是陋室，惟吾德馨(xīn)：这是简陋的屋舍，只因我(住屋的人)的品德好(就不感到简陋了)。斯，这。馨，能散布很远的香气，这里指德行美好。④苔痕上阶绿，草色入帘青：苔痕蔓延到台阶上，使台阶都绿了；草色映入竹帘，使室内染上青色。⑤鸿儒：博学的人。鸿，大。⑥白丁：平民，指没有功名的人。⑦调素琴：弹琴。调，调弄。素琴，不加装饰的琴。⑧金经：指佛经(佛经用泥金书写)。⑨无丝竹之乱耳：没有世俗的乐曲扰乱心境。丝，指弦乐器。竹，指管乐器。⑩无案牍(dú)之劳形：没有官府公文劳神伤身。案牍，指官府公文。形，形体、躯体。⑪南阳诸葛庐：诸葛亮隐居南阳住的草庐。⑫西蜀子云亭：扬子云在西蜀的屋舍。西蜀，今四川。子云，即扬雄(前53—18)，字子云，蜀郡成都(今属四川)人，西汉哲学家、文学家。⑬何陋之有：语出《论语·子罕》。意思是，有什么简陋的呢？

知识梳理

1.一词多义

入　①草色入帘青(动词,映入)

　　②元方入门不顾(动词,进入)

2.古今异义

(1)谈笑有鸿儒(古义:大;今义:常指鸿雁、书信)

(2)无案牍之劳形(古义:形体、躯体;今义:形状)

(3)惟吾德馨(古义:美好;今义:芳香)

3.词类活用

(1)有仙则名(名词用作动词,出名)

(2)无丝竹之乱耳,无案牍之劳形(形容词的使动用法,使……扰乱,使……劳累)

4.特殊句式

何陋之有(倒装句,宾语"何陋"借助结构助词"之"置于动词"有"前面)

文本赏析

刘禹锡的《陋室铭》运用了多种辞格,把作者不慕荣利、不求闻达和安贫乐道的情操表现得魅力无穷,引人入胜。

一、**运用引喻**。文章比兴开篇,连设两喻,然后引出本体——"斯是陋室,惟吾德馨"。这一引喻中,作者以不高、不深衬托"陋",以"仙""龙"衬托"德",以"名""灵"衬托"馨",使文章蕴含丰富的内涵。开篇便是引人一读的靓丽"凤头"。

二、**运用借代**。"无丝竹之乱耳,无案牍之劳形"一句中,"丝"与

"竹"原是制作乐器的原料,这里指代奏乐的声音;"案牍"本指桌子上供写字用的木片,这里指代官府公文。两处借代辞格的运用,给人具体形象的质感,能触发读者的联想,使语言表达简练工整。

三、运用对偶。文章多处运用对偶句。例如"苔痕上阶绿,草色入帘青"两句,偏正短语"苔痕"对"草色",动宾短语"上阶"对"入帘",表色形容词"绿"对"青",如此工整的对偶句尽显"陋室"优美的自然环境;又如"南阳诸葛庐,西蜀子云亭"两句,名词性短语对名词性短语,作者用这一类比表明以古代贤人自况的思想境界,暗示"陋室"不"陋"。对偶句中省略了"虽然皆陋,但因居住者出名,故皆受人景仰"一类的话,以简驭繁,内涵丰富,引人深思。

四、运用互文。互文是指在连贯的语句中,某些词语依据上下文的条件互相补充,合在一起共同表达一个完整的意思。"谈笑有鸿儒,往来无白丁"一句运用了互文辞格,应将这一句理解为:"谈笑往来有鸿儒,无白丁。"这种辞格可以使语言明快,结构工整,音韵和谐,节奏优美。

五、运用反问。结句"孔子云:何陋之有"用的是引用兼反问辞格。作者引用了孔子语"君子居之,何陋之有"中的后一句,以反问句画龙点睛,总结全文,有力地表现出作者甘居陋室,不以为陋的高尚情操。如果说引喻描出了文章"凤头"的话,那么这一反问句则是强化主旨的"豹尾"。

拓展链接

何为座右铭

什么是"座右铭"？据《辞海》解释,铭,含义有二,《礼记·祭统》载:"夫鼎有铭。"郑玄注曰:"铭,谓书之刻之,以识事者也。"这里是记载、镂刻之意。因为古代常刻铭于碑版或器物,或以称功德,或以申鉴戒,后来就成为一种文体。南朝梁刘勰《文心雕龙·铭箴》载:"箴诵于官,铭题于器,名目虽异,而警戒实同。"这里指的就是文体了。"座右铭"一词,最早见于《文选·崔瑗〈座右铭〉》。崔瑗是我国东汉书法家,他创作的《座右铭》是:

无道人之短,无说己之长。施人慎勿念,受施慎勿忘。世誉不足慕,唯仁为纪纲。隐心而后动,谤议庸何伤。无使名过实,守愚圣所臧。在涅贵不缁,暧暧内含光。柔弱生之徒,老氏诚刚强。行行鄙夫志,悠悠故难量。慎言节饮食,知足胜不祥。行之苟有恒,久久自芬芳。

这篇具有警策意义的骈体韵文,句句自警自戒,至今仍为世人传诵。据吕廷济注曰:"瑗兄璋为人所杀,瑗遂手刃其仇,亡命,蒙赦而出,作出铭以自戒,尝置座右,故曰'座右铭'也。"后来人们常把自己喜爱的经典言论、名言警句、传统成语和自我感言,"书之座右以自戒",便成了"座右铭"。据史书记载,南宋名将吴玠"善读史,凡往来可师者,录置座右,积久,墙牖皆格言"。

至今,设置座右铭以自戒已成为群众性的自我勉励活动。

思考探究

1. 本文是一篇铭文,铭文一般是用韵的。本文押_____韵,韵脚依次是:_____。

2. 解释下列加点的词。

(1)有仙则名_____

(2)惟吾德馨_____

(3)谈笑有鸿儒_____

(4)无案牍之劳形_____

3. 用现代汉语翻译下列句子。

(1)可以调素琴,阅金经。

（2）南阳诸葛庐，西蜀子云亭。孔子云：何陋之有？

4."陋室不陋"，主要表现在哪些方面？请用自己的话概括回答。

5.作者写陋室不陋，表达了怎样的思想感情？

6.文中"南阳诸葛庐，西蜀子云亭"使用了什么修辞手法？有什么作用？

课外配读

王欢耽学

王欢，字君厚，乐陵人也。安贫乐道，专精耽①学，不营②产业，常丐食诵《诗》，虽家无斗储③，意怡如④也。其妻患之，或焚毁其书而求改嫁。欢笑而谓之曰："卿不闻朱买臣妻邪？"时闻者多哂⑤之。欢守志弥固，遂为通儒⑥。

（选自《晋书》）

参 考 译 文

王欢,字君厚,是乐陵县人。他安于贫困,乐守圣贤之道,专心研究,沉迷于学问,不谋求家业,经常是边讨饭边朗读《诗经》,虽然家里存粮不多,但他的心境却始终保持和顺愉悦。他的妻子对此感到忧虑,有一次就焚毁他的书籍,并要求离异改嫁。王欢却笑着对妻子说:"你没听说过朱买臣妻子的事吗?"当时知道这件事的人都讥笑他。王欢更加坚定了自己的志向,后来终于成为贯通古今、学识渊博的儒生。

1.解释下列加点的词。

(1)常丐食诵《诗》_____

(2)或焚毁其书而求改嫁_____

2.通读本文和《陋室铭》,比较刘禹锡与王欢的人生态度和生活情趣的异同。

梅花书屋

(书屋)前后空地,后墙坛其趾,西瓜瓢大牡丹三株,花出墙上,岁满三百余朵。坛前西府①二树,花时积三尺香雪。前壁对面砌石台,插太湖石数峰。西溪梅骨古劲，滇茶数茎，妖媚其旁。梅根种西番莲，缠绕如璎珞②。窗外竹棚，密宝襄③盖之。阶下翠草深三尺，秋海棠疏疏杂入。前后明窗，宝襄西府，渐作绿暗。余坐卧其中，非高流④佳客，不得辄入。

(选自张岱《陶庵梦忆》)

注　释

①西府：代指一种海棠树。②璎珞：古代用珠玉串成的装饰品，多用为颈饰。③宝襄：一种竹子的名称。④高流：指才识出众的人物。

参　考　译　文

书屋的前后都有空旷的地方，在后墙脚下砌花台，如西瓜瓤一样红的三株牡丹，花已经长出了后墙，一年后就有三百多朵的牡丹花。在花坛前有两棵西府海棠，开花时节就如同很厚的积雪一般。前墙的对面砌起石台，插进几块太湖石，形成小山峰。古老苍劲的西溪梅花，几株云南茶花姿容妖媚长在它的身边。在梅花的根旁种上西番莲，如同用珠玉串成的装饰品一样缠绕在一起。在窗外是一竹棚，宝襄竹密密地覆盖着。石阶下绿草有三尺来高，秋海棠稀稀疏疏杂在其中。前前后后都是明亮的窗子，窗外宝襄竹和西府海棠长得茂盛后，使室内渐渐变绿。我或坐或卧在书屋里，不是才识出众的人物或者嘉宾，是不能进入的。

思　考　探　究

1.解释下列加点的词。
(1)后墙坛其趾＿＿＿＿＿＿＿＿＿
(2)岁满三百余朵＿＿＿＿＿＿＿＿＿
2.选文作者和刘禹锡所拥有的生活情趣有何不同？

爱莲说

周敦颐

知人论世

周敦颐(1017—1073),字茂叔,谥号元公,道州营道(今湖南道县)人,世称濂溪先生。"北宋五子"之一,宋朝儒家理学思想的开山鼻祖,北宋文学家、哲学家。著有《太极图说》《通书》等。

宋熙宁四年(1071),著名的理学家周敦颐来星子任南康知军。周敦颐为人清廉正直,襟怀淡泊,平生酷爱莲花。

周敦颐来星子后,在军衙东侧开挖了一口池塘,全部种植荷花。周敦颐来星子时已值暮年(55 岁),又抱病在身,所以每当公余饭后,他或独身一人,或邀三五幕僚好友,于池畔赏花品茗,并写下了脍炙人口的《爱莲说》。《爱莲说》虽短,但字字珠玑,历来为人所传诵。

原文详解

水陆草木之花,可爱者甚蕃①。

水上、地上各种草木的花,可爱的很多。晋朝的陶

晋陶渊明②独③爱菊。自李唐④来,

渊明唯独喜欢菊花。自唐朝以来,世人很喜欢牡丹。

①蕃(fán):多。②陶渊明(365—427):一名潜,字元亮,浔(xún)阳柴桑(今江西省九江附近)人,东晋诗人。③独:只。④李唐:指唐朝。唐朝的皇帝姓李,所以称为"李唐"。

世人甚爱牡丹。予独爱莲之出淤泥⑤

我则唯独喜爱莲——莲从淤泥里生长出来，却不受泥的

而不染⑥，濯清涟而不妖⑦，中通

沾染；它经过清水洗涤，却不显得妖艳；（它的柄）中部贯通，

外直⑧，不蔓不枝⑨，香远益清⑩，

外部笔直，不横生藤蔓，不旁生枝茎；香气远闻更加清芬，

亭亭净植⑪，可远观而不可亵

它笔直清净地立在水中，（只）可以从远处观赏，却不能靠

玩⑫焉⑬。

近去玩弄啊。

　　　　予谓菊，花之隐逸⑭者也；牡丹，

我认为，菊是花中的隐士，牡丹是花中的富贵者，莲

花之富贵者也；莲，花之君子者也。噫⑮！

是花中的君子。唉！对于菊花的爱好，陶渊明以后很少

菊之爱，陶后鲜⑯有闻。莲之爱，同予者

听到了。对于莲的爱好，像我一样的还有什么人呢？对

何人⑰？牡丹之爱，宜乎众矣⑱。

于牡丹的喜爱，那当然是有很多人了！

⑤淤泥：河沟、池塘里积存的污泥。
⑥染：沾染（污秽）。⑦濯（zhuó）清涟（lián）而不妖：经过清水洗涤但不显得妖艳。濯，洗。涟，水波。妖，艳丽。
⑧中通外直：（莲的柄）内部贯通，外部笔直。⑨不蔓不枝：不横生藤蔓，不旁生枝茎。蔓、枝，都是名词用作动词。
⑩香远益清：香气远闻更加清芬。⑪亭亭净植：洁净地挺立。亭亭，耸立的样子。植，竖立。⑫亵（xiè）玩：靠近赏玩。亵，亲近而不庄重。⑬焉：语气词。⑭隐逸：隐居避世。这里是说菊花不与别的花争奇斗艳。⑮噫（yī）：叹词，表示感慨。⑯鲜（xiǎn）：少。⑰同予者何人：像我一样的还有什么人呢？⑱宜乎众矣：应当人很多了。宜，应当。

知识梳理

1.一词多义

（1）自　①自李唐来(介词，从)

　　　　②并自为其名(名词，自己)

（2）远　①香远益清(形容词用作动词,远播)
　　　　②可远观而不可亵玩焉(形容词,距离长)

2. 词类活用

不蔓不枝(名词用作动词,长枝蔓,生枝茎)

3. 特殊句式

予谓菊,花之隐逸者也(判断句,"……也"表判断)

文本赏析

北宋周敦颐的《爱莲说》之所以成为流传千古的名篇,除它所表达的思想内容与众不同外,在写作手法上也有它的独到之处。

一、**托物寓人**。"予独爱莲"中的"独",与下文的"莲之爱,同予者何人",一脉相通,是作者高洁情操的表露。作者描绘莲的目的不在咏物,而是运用比喻的手法,表现自己的志向高洁、品行廉正,希望人们以莲为榜样,做有高尚节操的人。

二、**对比映衬**。作者在文中着意写莲花,但他不是静止孤立地描写,而是通过对比映衬,烘云托月。文章以牡丹为反衬,以菊花为陪衬,把莲花的美好形象表现得更为丰满、更为突出。同时,这种对比映衬手法的妙用,既使文章有波澜,不单调板滞,又使文章结构完整,主题突出,显示了作者见解的深邃。

三、**句式变化**。《爱莲说》无论是叙述还是议论,句式都富于变化,使文章波澜起伏、言宜气顺、井然有序。比如,第一部分用了"出淤泥而不染,濯清涟而不妖"这一对偶句写出莲花有别于众花的风采,使莲花"高洁"的形象跃然纸上。又如,第二部分议论,作者先以三个排比句对应上文,又用三个并列分句指出世人对三种花的不同态度:"噫! 菊之爱,陶后鲜有闻。莲之爱,同予者何人? 牡丹之爱,宜乎众矣。"这三句,一句陈述,一句反诘,一句感叹,语气越来越强烈,作者对追名逐利的世俗之人的鄙弃与厌恶,力透纸背,读后令人回味无穷。

爱莲说

君子风度美名传
——古诗文中的荷花

周敦颐的《爱莲说》，描写了莲"出淤泥而不染，濯清涟而不妖"的君子形象。我们还可以从其他古诗文中感受到荷花的君子风度。

江南可采莲，莲叶何田田！鱼戏莲叶间。鱼戏莲叶东，鱼戏莲叶西，鱼戏莲叶南，鱼戏莲叶北。（《汉乐府·江南》）

这首诗可以说是最古老的咏荷诗了。面对层层叠叠的莲叶，作者不禁发出"莲叶何田田"的感叹与赞美。然后描写"鱼戏莲叶间"的情境，并且反复歌咏。这里以鱼与莲叶相互衬托，表现出采莲的无穷乐趣。

重湖叠巘清嘉。有三秋桂子，十里荷花。羌管弄晴，菱歌泛夜，嬉嬉钓叟莲娃。千骑拥高牙，乘醉听箫鼓，吟赏烟霞。异日图将好景，归去凤池夸。（柳永《望海潮·东南形胜》）

柳永《望海潮》的下阕描写了西湖风光的绮丽与游人的逸乐。其中的"三秋桂子，十里荷花"成为后人传诵的名句。"三秋桂子"是写九月的桂花，"十里荷花"是写荷花数量之多，场景壮阔。这两句诗表现了荷艳桂香的醉人，把西湖以至整个杭州最美的景致概括了出来，具有撼人心魄的艺术力量。

采莲南塘秋，莲花过人头。低头弄莲子，莲子清如水。（《南朝乐府·西洲曲》）

美丽的姑娘在秋天去南塘采莲，莲花长得高过了她的头。低下头拨弄着水中的莲子，莲子就像湖水一样清。那高过人头的莲花，与姑娘相互映衬，与"芙蓉向脸两边开"有异曲同工之妙。姑娘采着莲子，莲子清新如水。这不仅仅是写莲子，更是写姑娘的心，她的心清如水，纯洁而美好。

世间花叶不相伦,花入金盆叶作尘。惟有绿荷红菡萏,卷舒开合任天真。此花此叶常相映,翠减红衰愁杀人。(李商隐《赠荷花》)

诗的前两句写花与叶的不同命运,其实就是表现花的幸运与叶的不幸。但作者的用意不在于此,而是为了突出荷花,所以,他写了"惟有绿荷红菡萏,卷舒开合任天真"。"绿荷"是写叶,"红菡萏"是写花,荷的叶与花,开放闭合,出于自然。这就表现出荷的花与叶相互衬托的美好天性。正因为如此,它们不能共荣时,就一起衰落,"翠减红衰愁杀人",虽然人们为它们哀愁,但却表现出它们的美好品质。

思考探究

1. 解释下列加点的词。
(1)濯清涟而不妖＿＿＿＿＿＿＿＿＿＿
(2)亭亭净植＿＿＿＿＿＿＿＿＿＿
(3)宜乎众矣＿＿＿＿＿＿＿＿＿＿

2. 用现代汉语翻译下面的句子。
莲之爱,同予者何人?

3. 说说"予独爱莲之出淤泥而不染"一句中"独"字的表达效果。

4. 请对"予谓菊,花之隐逸者也;牡丹,花之富贵者也;莲,花之君子者也"这句话进行赏析。

5.本文写的是莲花,为什么还写菊花和牡丹? 有什么作用?

课外配读

夏日赏荷

李盛仙

余忆年少①时,住西湖。每至②夏日,临③湖赏荷,便欣然忘食。一日,偕④数友,观荷于湖边亭中。兴正浓,忽有大雨倾盆而至,湖中荷花尽作飘摇之态。少时⑤,雨过天晴,波澜不惊,湖天一色。荷花为⑥雨所洗,鲜妍明媚,袅娜多姿,清丽雅致,实为⑦花中仙子也。李太白诗云"清水出芙蓉,天然去雕饰",余以为妙绝⑧。

注释

①年少:年轻。②至:到。③临:临近、靠近。④偕:陪同。⑤少时:一会儿。⑥为:被。⑦实为:实在是。⑧妙绝:美妙极了。

参考译文

我回忆年轻时,居住在西湖边。每当到了夏天,临近湖边欣赏荷叶荷花,就高兴得忘了吃饭。有一天,会同几个朋友,在湖边的亭子中观赏荷叶荷花。意兴正浓,忽然有大雨倾盆而至,湖中荷花全部显示出飘动摇摆的姿态。不一会儿，雨过天晴，湖中波澜不惊，湖天一色。荷花为雨水所冲洗，鲜妍明媚，袅娜多姿，清丽雅致，实在是百花中的仙子啊。李太白诗中说"清水出芙蓉，天然去雕饰"，我认为太贴切绝妙了。

思考探究

1. 解释下列加点的词。
(1) 偕数友_____
(2) 湖天一色_____
2. 同为咏荷之作，选文和《爱莲说》描写的荷花有何不同？

夏梅说

钟 惺

梅之冷，易知也，然亦有极热之候。冬春冰雪，繁花粲粲①，雅俗争赴，此其极热时也。三四五月，累累其实，和风甘雨之所加，而梅始冷矣。花实俱往，时维朱夏，叶干相守，与烈日争，而梅之冷极矣。故夫看梅与咏梅者，未有于无花之时者也。

张谓《官舍早梅》诗所咏者，花之终，实之始也。咏梅而及于实，斯已难矣，况叶乎！梅至于叶，而过时久矣。廷尉董崇相，官南都②，在告③，有夏梅诗，始及于叶。何者？舍叶无所为夏梅也。予为梅感此谊，属同志者和焉，而为图卷以赠之。

夫世固有处极冷之时之地，而名实之权在焉。巧者乘间赴之，有名实之得，而又无赴热之讥。此趋梅于冬春冰雪者之人也，乃真附热者也。苟真为热之所在④，虽与地之极冷⑤，而有所必辩焉。此咏夏梅意也。

注 释

①粲粲：鲜明的样子。②南都：明人称南京为南都。③在告：告假归乡。④热之所在：指"时维朱夏"的炎热季节。⑤与地之极冷：指夏梅所处的遭人们冷遇的境地。

参 考 译 文

梅花冬天开放，是人们容易知道的事情，然而也是它被人们关注的时候。冬春之际，冰雪之中，梅花开得繁多而又灿烂鲜明，雅人俗人纷纷抢着去欣赏，这就是它非常热闹的时候了。三、四、五月时，梅有繁多成串的果实，和风吹，甘霖降，这时候（来赏梅的人）开始冷清了。当花朵凋零果实熟谢时，已经进入炎炎的夏日，只剩树叶与树干相依相守，和烈日相互对抗，而这时（来赏梅）真是非常冷清了。所以一般人欣赏梅、歌咏梅，从来没有在它不开花的时候。

唐代诗人张谓的诗《官舍早梅》里头所歌咏的梅，是花快要凋谢，而果实才刚要生出来的时候。歌咏梅而能涉及果实，已经是很难了，何况是梅叶呢！梅树到了叶子茂盛时，已经过了开花期很久。董崇相廷尉，在南京当官，目前正在休假，他写了夏梅诗，才开始在诗歌里涉及叶子。为什么呢？因为没有梅叶，那也就不称其为夏梅了。我替梅感念这份情谊，就吩咐志同道合的朋友来写诗唱和，并画一幅图画来送给他。

这世间本来就有处在备受冷落的时间和地位，名利大权却握在手里的人。奸邪的人会利用机会去亲近他们，既能够得到实际的名利，又不会有趋炎附势的讥讽；这些奸邪的人就像是在冬春之际，冰雪之中跑去欣赏梅花的人，他们才是真正趋炎附势的人，假如真是"热"（权势）所在的地方，即便他是处在非常冷的时间和地位，也一定要分辨清楚。这就是我歌咏夏梅的真正意思啊!

思考探究

1. 下列对句子中加点词的解释不正确的一项是　　　　　　（　　）

A. 然亦有极热之候（热闹，受关注）

B. 花实俱往（都）

C. 咏梅而及于实（及时）

D. 夫世固有处极冷之时之地（本来）

2. 梅花所受到"冷""热"的待遇分别是在什么时候?

活 板

沈 括

知人论世

沈括（1031—1095），字存中，号梦溪丈人，杭州钱塘（今浙江杭州）人。北宋科学家、政治家。宋仁宗嘉祐进士，后任翰林学士。晚年在镇江梦溪园撰写了《梦溪笔谈》。沈括精通天文、数学、物理学、化学、地质学、气象学、地理学、农学和医学，是我国历史上最卓越的科学家之一。

《梦溪笔谈》是一部涉及古代中国自然科学、工艺技术及社会历史现象的综合性笔记体著作。该书在国际上也很受重视，被英国科学史家李约瑟评价为"中国科学史上的里程碑"。

据现可见的最古本元大德刻本，《梦溪笔谈》一共分 30 卷，其中《笔谈》26 卷、《补笔谈》3 卷、《续笔谈》1 卷。全书有 17 目，凡 609 条。内容涉及天文、数学、物理、化学、生物等各个门类学科，其价值非凡。书中的自然科学部分，总结了中国古代特别是北宋时期的科学成就。社会历史方面，对北宋统治集团的腐朽有所暴露，对西北和北方的军事利害、典制礼仪的演变、旧赋役制度的弊害，都有较为翔实的记载。

板印^①书籍，唐人尚未盛为之。自冯

用雕版印刷书籍，唐朝人还没有大规模地这样做。五代

瀛王^②始印五经，已^③后典籍皆为板本^④。

时冯道才开始用雕版印五经，此后，重要书籍都是版印出来的。

庆历^⑤中，有布衣^⑥毕昇^⑦，又为

庆历年间，有个平民叫毕昇，又发明了活版印刷。它的

活板。其法：用胶泥刻字，薄如钱唇^⑧，

办法是：用黏土来刻字模，(字模)薄得跟铜钱的边缘一样，

每字为一印，火烧令坚。先设一铁板，其

每个字刻一个字模，用火烧使它坚硬。先设置一块铁板，在

上以松脂、蜡和^⑨纸灰之类冒^⑩之。

上面用松脂、蜡混合纸灰这类东西覆盖着。想印的时候，在

欲印，则以一铁范^⑪置铁板上，乃

铁板上放一个铁框子，(然后)就密密地排满字模，排满了

密布字印，满铁范为一板，持就火炀

就成为一版，(再)把它靠近火边烤，(等到)松脂和蜡稍稍

之^⑫；药^⑬稍熔^⑭，则以一平板按其面，

熔化，就用一块平板放在版面上往下一压，字印像磨刀石

则字平如砥^⑮。若止印三二本，未为

那样平。如果只印两三本，还不算简便；如果印几十甚至成

①板印：指雕版印刷。②冯瀛王：即冯道(882—954)，字可道，瀛州景城(今河北沧县西)人，历仕后唐至后周，死后被追封为瀛王，我国古代大规模官刻儒家经籍的首创者。③已，同"以"。④板本：版印书籍，相对于抄本而言。⑤庆历：宋仁宗赵祯年号(1041—1048)。⑥布衣：平民。古代平民不能穿锦绣，故称"布衣"。⑦毕昇(？—约1051)：蕲州蕲水直河乡(今属湖北英山)人，北宋工匠、发明家。首创活字印刷术。⑧钱唇：铜钱的边缘。⑨和(huò)：混合。⑩冒：覆盖。⑪范：模子。⑫持就火炀(yáng)之：拿它靠近火烘烤。就，靠近。炀，烘烤。⑬药：指上文说的松脂、蜡等的混合物。⑭熔：同"熔"，用高温使固态物质转变为液态。⑮字平如砥(dǐ)：(所有排在铁板上的)活字平得像磨刀石。砥，磨刀石。

活板

简易；若印数十百千本，则极为神速。

百上千本，那就极快了。通常做两块铁板，这一块印刷，另

常作二铁板，一板印刷，一板已自⑯布字，

一块已经另外在排字了，这一块刚刚印完，那一块已经准

此印者才毕，则第二板已具⑰，更

备好，两块交替使用，在极短的时间里就可以印完。每一个

互⑱用之，瞬息可就⑲。每一字皆有

字都备有几个字模，像"之""也"等字，每一个字都有二十

数印，如"之""也"等字，每字有二十余印，

多个字印，用来防备它们在一版内有重复的。不用的时候，

以备一板内有重复者。不用，则以纸帖

就用纸条给它们做标记，每一个韵部的字做一个标签，用木格

之，每韵为一帖，木格贮之⑳。有奇

子把它们存放起来。遇到平时没有准备的生僻字，立即刻制

字㉑素无备者，旋刻之，以草火烧，

用草烧火烘烤，一会儿就能制成。不用木头刻活字的原因是，

瞬息可成。不以木为之者，木理㉒有疏密，

木头的纹理疏密不匀，一沾水就会变得高低不平，再加上跟松

沾水则高下不平，兼与药相粘，不可取；

脂等粘在一起，(卸版时)拿不下来；不像用胶泥烧制的字印

不若燔㉓土，用讫㉔再火令药镕，

印完后再用火一烤，使药物(松脂等物)熔化，用手一抹，

以手拂之，其印自落，殊㉕不沾污。

字印自然就掉了下来，一点也不会被药物(松脂等物)弄脏

⑯自：另自，另外。⑰具：准备(好了)。⑱更(gēng)互：交替，轮流。⑲就：完成。⑳以纸帖(tiè)之，每韵为一帖，木格贮之：用纸来标记活字，每个韵部做一个标签，用木格(分别)贮存这些活字。帖，标签，前一个用作动词。韵，指韵部，韵书中把同韵的字归在一起成为一部。㉑奇字：生僻字。㉒木理：木头的纹理。㉓燔(fán)：烧。㉔讫(qì)：完毕。㉕殊：根本。

昇死，其印为余群从㉖所得，

毕昇死后,那些字模被我的堂兄弟和侄子辈们得

至今宝藏㉗。

到,到现在依然被珍藏着。

㉖群从(cóng):指堂兄弟及诸子侄。

㉗宝藏(cáng):珍藏。

知识梳理

1. 通假释义

（1）板印书籍（同"版"，用雕版）

（2）已后（同"以"）

（3）若止印三二本（同"只"，仅仅）

（4）药稍镕（同"熔"，用高温使固态物质转变为液态）

2. 一词多义

（1）就　①持就火炀之（靠近）

　　　　②瞬息可就（完成）

（2）印　①每字为一印（字模）

　　　　②欲印（印刷）

（3）以　①不以木为之者（用）

　　　　②则以一铁范置铁板上（把）

（4）为　①唐人尚未盛为之（动词，做）

　　　　②每字为一印（动词，制成，刻）

　　　　③已后典籍皆为板本（动词，是）

　　　　④又为活板（动词，发明）

　　　　⑤其印为余群从所得（介词，被）

（5）若　①若止印三二本（连词，如果）

活
板

②不若燔土（动词，如）

　　（6）帖　①则以纸帖之（动词，用标签标出）

　　　　　　②每韵为一帖（名词，标签）

3.古今异义

　　（1）有布衣毕昇（古义：平民；今义：衣服的一种）

　　（2）薄如钱唇（古义：边缘；今义：人或某些动物口的周围的肌肉组织，通称嘴唇）

　　（3）其上以松脂、蜡和纸灰之类冒之（古义：覆盖；今义：动词，向外透，往上升）

　　（4）则以一铁范置铁板上（古义：模子；今义：模范，范围，规范）

4.词类活用

　　（1）板印书籍（名词用作状语，用雕版）

　　（2）火烧令坚（名词用作状语，用火）

　　（3）木格贮之（名词用作状语，用木格）

　　（4）用讫再火令药镕（名词用作动词，用火烤）

文本赏析

　　印刷技术开始于雕版印刷。雕版相当于今天的印章，缺点是印完一页书板就废掉，因为刻在上面的字无法修改。宋代毕昇以独字印形式把一个个字分开，"每字为一印"，根据需要而临时制版，这就发明了活字印刷——活版。北宋卓越的科学家、政治家沈括在他的《梦溪笔谈·技艺》中，抓住一个"活"字集中介绍了活版印刷技术。

　　一、突出"活"这一特点

　　1.字"活"。雕版是每版为一块"印章"，刻在上面的字是"死"的，不能修改；而活版是每字为一印，可以任意排列组合。2.版"活"。这里有三层意思：其一，以"松脂、蜡和纸灰之类冒之"，字印可调换。其二，用铁范（铁框），决定了板面可大可小。其三，"药稍镕，则以一平板按其面，则字平如砥"，可调整字印的高低。3. 使用"活"。"常作二铁板，一板印刷，一板已自布字，此印者才毕，则第二板已具，更互用之，瞬息可就。"活版不像雕版费时费力，而且印刷速度快、效率高。4. 存放"活"。"不用，则以纸帖之，每韵为一帖，木格贮之。"这里强调字印可以反复使用，而且把字印按"韵"分类，存放有序，寻找方便。

二、说明方法灵"活"多样

本文是一篇事理说明文，从制印到排版再到印刷，告诉人们应先做什么，后做什么，其介绍形象生动，说明方法灵活多样。1. 比较说明。把活版与雕版相比，突出活版的一个"活"字。2. 举例说明。"如'之''也'等字……"使文章更具说服力和可信度。3. 比喻说明。"薄如钱唇"和"字平如砥"，形象地说明字印的薄度以及板面的平度——就像磨刀石一样平。4. 数字说明。"若止印三二本，未为简易；若印数十百千本，则极为神速""如'之''也'等字，每字有二十余印"等数字的使用使表达更准确严密。

总之，"活"字贯穿全篇，使得文章对活版这一印刷技术的介绍活灵活现。

拓展链接

化　石

治平①中，泽州②人家穿井，土中见一物，蜿蜒③如龙蛇。大畏之，不敢角，久之，见其不动，试摸之，乃石也。村民无知，遂碎之。时程伯纯为晋城令，求得一段，鳞甲皆如生物。盖蛇蜃④所化，如石蟹之类。

（选自沈括《梦溪笔谈》）

活
板

注 释

①治平：北宋时宋英宗赵曙的年号。②泽州：现在的山西泽州。③蜿蜒：弯弯曲曲。④蜃：中国古代传说中的一种动物。

参 考 译 文

治平年间，泽州有一户人家打井，在土层里看到一件东西，弯弯曲曲像龙蛇一样。非常害怕它，不敢动它。过了好久，见它不动，就试着打了它一下，才知道是一块石头。村里人不懂，就把它打碎了。当时程伯纯是晋城县令，他要了一段。它的麟甲看起来跟活的动物一样。大概是由蛇、蜃变化成的，就像石蟹那样。

古人铸鉴

古人铸鉴①，鉴大则②平，鉴小则凸。凡③鉴凹则照人面大，凸则照人面小。小鉴不能全视人面，故令④微凸，收人面令小，则鉴虽小而⑤能全纳人面，仍复量鉴之小大，增损⑥高下，常令人面与鉴大小相若⑦。此工之巧智，后人不能造。比⑧得古鉴，皆刮磨令平，此师旷所以⑨伤知音也。

世有透光鉴⑩，鉴背有铭文，凡⑪二十字，字极古，莫能读。以鉴承日光，则背文及二十字皆透，在屋壁上了了⑫分明。人有原⑬其理，以谓铸时薄处先冷，唯背文上差⑭厚后冷，而铜缩多，文虽在背，而鉴面隐然有迹，所以于光中现。余观之，理诚⑮如是。然余家有三鉴，又见他家所藏，皆是一样，文画铭字无纤异者，形制甚古。唯此鉴光透，其他鉴虽至薄者，皆莫能透。意⑯古人别自有术。

（选自沈括《梦溪笔谈》）

①鉴：镜子。②则：就，便。③凡：大凡。④令：使，让。⑤而：却，但是，表转折。⑥损：减。⑦若：相似。⑧比：接连，不断。⑨所以：……的原因。⑩透光鉴：文中指可以在镜面反射日光时把铜镜背面的文字或图案映射出来的一种铜镜，是我国古代人民的发明创造，一般认为西汉时已出现。考古界把这种铜镜称为透光镜。⑪凡：总共。⑫了了：清楚。⑬原：推究。⑭差：略微。⑮诚：副词，确实。⑯意：推测，猜想。

参考译文

　　古人制造镜子的时候，大镜子就把镜面造成平的，小镜子就把镜面造成凸的。大凡镜面凹的照出人脸的像就要大些，镜面凸的照出人脸的像就要小些。小镜子不能全部照出人脸，所以让镜面微微凸起，以使人脸的像变小，这样镜子虽小但可获得人脸全像，又反复测量镜的大小，增减镜面的凸凹程度，常使人脸和镜子照出的人脸的像大小相仿。这是古代工匠的精巧与智慧，后人不能制造。接连有人得到古时的镜子，一律刮磨使镜面平滑，这是师旷悲伤没有人真正懂得音律的原因啊！

　　世上透光的铜镜，镜的背面有铭文，共二十个字，字体极古老，没有人能识读。用镜面接太阳光，铜镜背面的花纹及二十个字就都透射在屋中墙壁上，清楚分明。有人推究这一现象的原理，以为铸铜镜时，薄的地方先冷，而背面有花纹及文字的地方要厚一些，这些地方冷得慢，铜就收缩得多一些；花纹虽在背面，而在镜面上仍然隐约存留着它们的痕迹，所以在日光照射下就显示出来了。据我观察，这一现象的原理确实如此。然而我家里有三面铜镜，又曾见到他人家里所藏的镜子，都是一个样式，纹饰图画和铭文字体几乎没有丝毫的差异，形制都很古老。而只有这一面镜子能够透光,其他镜子即使最薄的,也不能透光。我猜想古人可能自有一套特别的制作技术。

思考探究

1. 给下面的句子划分朗读停顿。

用 讫 再 火 令 药 镕

2. 解释下列加点的词。

(1) 火烧令坚_____

(2) 以松脂、蜡和纸灰之类冒之_____

(3) 持就火炀之_____

(4) 用讫再火令药镕_____

3. 用现代汉语翻译下列句子。

(1) 则以纸帖之,每韵为一帖。

(2) 有奇字素无备者,旋刻之。

4. 选文是按照怎样的顺序进行说明的?

5. "中国活字印刷术"被联合国教科文组织列入 2010 年"急需保护的非物质文化遗产名录"。请你为传承"中国活字印刷术"提出一条合理化的建议。

锻钢法

　　世间锻铁所谓钢铁者,用柔铁屈盘之,乃以生铁陷其间,泥封炼之,锻令相入,谓之"团钢",亦谓之"灌钢"。此乃伪钢耳,暂假①生铁以为坚,二三炼则生铁自熟,仍是柔铁。然而天下莫以为非者,盖未识真钢耳。予出使至磁州锻坊,观炼铁,方识真钢。凡铁之有钢者,如面中有筋,濯尽②柔面,则面筋乃见。炼钢亦然,但取精铁,锻之百余火,每锻称之,一锻一轻,至累③锻而斤两不减,则纯钢也,虽百炼不耗矣。此乃铁之精纯者,其色清明,磨莹④之,则黯黯然青且黑,与常铁迥异。亦有炼之至尽而全无钢者,皆系地之所产。

（选自沈括《梦溪笔谈·辨证一》）

注释

①假:借,靠。②濯尽:洗尽。③累:接连。④莹:光洁明亮。

参考译文

　　世上打铁所称的钢铁,是用熟铁盘绕起来,再把生铁嵌在它的中间,用泥把炉子封起来烧炼,锻打使它们相互渗入,叫作"团钢",也叫作"灌钢"。这只是假钢罢了,暂时借助于生铁使它坚硬,烧炼两三次以后生铁就成了熟铁,得到的仍然是熟铁。但是天下没有人认为不对,那是因为不认识真钢罢了。我出使时,到磁州打铁作坊看炼铁,才认识了真钢。

活板

凡是有钢的铁，就像面里有面筋，洗尽柔软的面，面筋就出现了。炼钢也是这样，选取精铁锻打百多次，每锻打一次称一次，锻打一次就轻一些，直到多次锻打斤两却不再减少，那就是纯钢了。即使再锻打上百次也不会耗减了。这才是铁里面的精纯部分，它的色泽清明，磨得光洁明亮，就呈现暗淡的青黑色，与一般的铁明显不同。也有锻打到最后却根本成不了钢的，全是因为产地的缘故。

思考探究

1. 解释下列加点的词。
(1) 乃以生铁陷其间＿＿＿＿＿＿＿＿＿＿
(2) 予出使至磁州锻坊＿＿＿＿＿＿＿＿＿
(3) 虽百炼不耗矣＿＿＿＿＿＿＿＿＿＿
2. 本文的说明对象是什么？

石油

鄜、延境内有石油，旧说"高奴县出脂水"，即此也。生于水际，沙石与泉水相杂，惘惘而出①，土人以雉尾裛②之，用采入缶中。颇似淳漆，然③之如麻，但烟甚浓，所沾幄幕皆黑。余疑其烟可用，试扫其煤以为墨，黑光如漆，松墨不及也，遂大为之，其识④文为"延川石液"者是也。此物后必大行于世，自余始为之。

盖石油至多，生于地中无穷，不若松木有时而竭。今齐、鲁间松林尽矣，渐至太行、京西、江南，松山大半皆童⑤矣。造煤人⑥盖知石烟之利也。

石炭烟亦大，墨人衣⑦。余戏为《延州诗》云："二郎山下雪纷纷，旋卓穹庐学塞人。化尽素衣冬未老，石烟多似洛阳尘。"

（选自沈括《梦溪笔谈·杂志一》）

注释

①悯悯而出：形容石油缓缓冒出。②甃(zhòu)：井壁。文中用作动词，围拦。③然：同"燃"。④识：刻上的字。⑤童：山上不长草，光秃秃的样子。⑥造煤人：制造墨的人。⑦墨人衣：把衣服熏黑。

参考译文

　　鄜州、延州境内有石油，过去说"高奴县出产油脂水"就是指它。它产生在水边的沙石中，与泉水相混杂，慢慢地冒出来，当地人用雉鸟尾羽把它沾取起来，采集到瓦罐里。很像纯净的油漆，烧起来像麻秆一样，但烟很浓，被它沾染的帐幕都变黑了。我推测它的烟可以利用，试着扫下烟煤来做墨，做出的墨又黑又亮像漆一样，松烟墨都比不上它。于是就大量制造它，上面标有"延川石液"的就是这种墨。这种墨将来必然会在世上流行，它是由我首先制作的。

　　因为石油极多，能从地下无穷无尽地生出来，不像松树总有用完的时候。现在齐鲁一带的松林已经被砍尽了，逐渐延伸到太行、京西、江南地区的松岭，也大半都光秃秃了，烧制烟煤的人大概还不知道石油烟的优点。煤的烟也很大，能熏黑衣服。我曾开玩笑地写了首《延州诗》说："二郎山下大雪纷纷扬，立即竖起帐篷学塞人。白衣熏黑寒冬还未过完，石油烟多像洛阳的灰尘。"

活板

111

思考探究

1. 解释下列加点的词。

（1）但烟甚浓_____

（2）自余始为之_____

（3）今齐、鲁间松林尽矣_____

2. 选文说明了石油的许多用处，请简要归纳。

综合训练

一、选择题

1. 下列关于文学常识及文化常识表述正确的一项是　　　（　　）

A. "长河落日圆""山河表里潼关路"这几句诗文中的"河"指的是黄河。

B. 《资治通鉴》是南宋司马光主持编纂的中国第一部纪传体通史。

C. 文言文中的称谓非常丰富，如"卿今当涂掌事"中的"卿"是古代臣对君的敬称。

D. 朋友的父亲七十大寿，李陈吉对朋友说："祝令堂大人寿比南山！"

2. 下列关于文学及文化常识的表述，不正确的一项是　　　（　　）

A. 蒲松龄，字留仙，号香山居士，世称聊斋先生，清代文学家。著有文言小说集《聊斋志异》等。

B. 《大学》《中庸》《论语》《孟子》合称为"四书"。

C. 太学是我国古代设在京城的最高学府。元、明、清时期不设太学，设国子学或国子监。

D. "谈笑有鸿儒，往来无白丁"中的"白丁"指没有功名或没有官职的人。

3. 下列关于文学及文化常识的表述，不正确的一项是　　　（　　）

A. 中国是礼仪之邦，很讲究礼貌用语，献物于他人说"请笑纳"，请人指点说"请赐教"，他人送己说"请留步"，中途离开说"失陪"。

B. "吾日三省吾身""三人行，必有我师焉""士别三日，即更刮目相待"这几句中的"三"并非确指，都是泛指多数或多次。

C. 古时候，用"令尊""尊君"尊称对方的父亲，用"家严""家慈"谦称自己的父亲。

D. 中国文化注重对人的称呼，在古代"公""卿""君""子"是对男子的尊称,称呼普通百姓则是"布衣""白丁""匹夫"。

4.下列关于文学及文化常识的表述,不正确的一项是　　　　(　　)

A.古代常用的敬辞和谦辞如今仍在广泛使用,例如发表自己的见解时常说"拙见",请教他人时常说"赐教",询问别人的年龄时常说"贵庚"。

B.说,古代一种文体,可以说明事物,也可以发表议论或记叙事物,都是为了说明一个道理。刘禹锡的《爱莲说》就是借物说理。

C.《世说新语》,南朝宋临川王刘义庆组织编写的一部志人小说集,主要记载汉末至东晋士大夫的言谈逸事。

D."唐宋八大家"为韩愈、柳宗元、欧阳修、苏洵、苏轼、苏辙、王安石、曾巩。

5.下列有关文学及文化常识的表述,不正确的一项是　　　　(　　)

A.古人以山南水北为阳,水南山北为阴。以此推断,人杰地灵的衡阳在衡山之南。

B."信"即诚信,是中华民族的传统美德之一,无论是"曾子烹彘""商鞅立木"还是"一诺千金",都包含着古人对诚信的尊崇。

C.《活板》选自《梦溪笔谈》,作者沈括,明代科学家、政治家。

D.牍是古代书写用的木片,"无案牍之劳形"中的"案牍"指代官府文书。

6.下列关于文学及文化常识的表述,不正确的一项是　　　　(　　)

A.日中,表时间,中午12点,又名日正、中午,是一天的太阳正中时。

B.古人的"名"是供自称或长辈称,"字"是供他人称,对平辈或尊辈称"字"是表示尊敬,如诸葛亮,名亮,字孔明。

C.古代王侯多用寡人、孤等自称,来表示谦逊的态度。古代官吏对皇帝上书或说话时用"臣"来谦称,表示自己不如对方的身份地位高。

D.《木兰诗》选自《乐府诗集》,是一首叙事诗。它和《孔雀东南飞》并称为"乐府双璧"。

7.下列关于文化常识的解说,不正确的一项是 ( )

A."迁"是古代官职调动的一种叫法,一般指升职。表达"降职"意思的时候,常常用"左迁"一词。

B.汉语中有很多运用借代的现象,如:"桃李"指学生,"布衣"指平民,"手足"指兄弟,"巾帼"指女子,"桑梓"指家乡,"庙堂"指朝廷,"社稷"指国家等。

C.自谢道韫吟咏出"未若柳絮因风起"后,"咏絮之才"就被用来赞誉女性出众的才华。

D."令爱""赐教""高见""久仰""鄙人"都是敬辞。

8.下列关于文化常识的解说,不正确的一项是 ( )

A.汉语中有许多敬辞和谦辞,其中,常见的敬辞有"贵庚""贤弟""奉陪""令尊"等。

B.《爱莲说》中的"说"是古代的一种议论性文体,大多是针对某物、某事、某现象抒发感慨。

C.《论语》是儒家经典著作,是记录孔子及其弟子言行的一部书,共20篇。宋代的朱熹将《大学》《中庸》《论语》《孟子》合称为"四书"。

D.古人对不同年龄有不同的称谓:而立之年三十岁,不惑之年四十岁,花甲之年七十岁。

9.下列关于文化常识的解说,不正确的一项是 ( )

A.古时候,"太傅""博士"为官名,"高龄""高邻"是敬辞,"敝人""鄙人"则为谦称。

B.《论语》中有不少语句逐渐演化并固定为成语,如"温故知新""舍生取义""不耻下问"等。

C."伯""仲""叔""季"分别指兄弟排行中的老大、老二、老三、老四(或最小的),成语"伯仲之间"比喻不相上下,优劣难分。

D.现代汉语的许多成语出自古代典籍,如"不耻下问""刮目相看"都出自《资治通鉴》。

10. 下列有关文学及文化常识的表述,有误的一项是 （　　）

A. 欧阳修,北宋政治家、文学家,"唐宋八大家"之一。

B. 司马光,字君实,北宋政治家、史学家。

C. 经,指《诗》《书》《礼仪》《春秋》。

D. 周敦颐,字茂叔,道州营道(今湖南道县)人,北宋哲学家。

二、阅读理解

(一)(原创题)阅读下面文言文,回答问题。

咏　雪

谢太傅寒雪日内集,与儿女讲论文义。俄而雪骤,公欣然曰:"白雪纷纷何所似?"兄子胡儿曰:"撒盐空中差可拟。"兄女曰:"未若柳絮因风起。"公大笑乐。即公大兄无奕女,左将军王凝之妻也。

1. "谢太傅寒雪日内集,与儿女讲论文义"这一句总述了谢太傅家人咏雪的背景,极精练地交代了时间"＿＿＿＿＿＿＿"、地点"＿＿＿＿＿＿＿"、人物"＿＿＿＿＿＿＿＿"、事件"＿＿＿＿＿＿＿＿"等要素。

2. 对于"白雪纷纷何所似"的提问,胡儿和谢道韫给出的答案分别是什么? 你认为哪个更好? 为什么?

3. 本文营造了一种怎样的家庭氛围? 文中哪些词语可以印证这一点?

4. 结尾补充交代了谢道韫的身份有何作用?

(二)(原创题)阅读下面两个语段,回答问题。

【甲】陈太丘与友期行,期日中。过中不至,太丘舍去,去后乃至。元方时年七岁,门外戏。客问元方:"尊君在不?"答曰:"待君久不至,已去。"友人便怒曰:"非人哉! 与人期行,相委而去。"元方曰:"君与家君期日中。日中不至,则是无信;对子骂父,则是无礼。"友人惭,下车引之。元方入门不顾。

(《陈太丘与友期行》)

【乙】宾客诣①陈太丘宿,太丘使元方、季方炊。客与太丘论议。二人进火②,俱委而窃听。炊忘著箄③,饭落釜中。太丘问:"炊何不馏④?"元方、季方长跪曰:"大人与客语,乃俱窃听,炊忘著箄,饭今成糜⑤。"太丘曰:"尔颇有所识不?"对曰:"仿佛⑥志之。"二子长跪俱说,更相易夺⑦,言无遗失。太丘曰:"如此但糜自可,何必饭也?"

(选自《世说新语·夙惠》)

【注释】①诣:拜访。②进火:烧火。③箄:蒸食物用的竹屉。④馏:把米放在水里煮开,再滤出蒸熟。⑤糜:比较稠的粥。⑥仿佛:大概,还。⑦易:修整。夺:失误、遗漏。

1. 解释下列加点的词。

(1)陈太丘与友期行_____

(2)待君久不至,已去_____

(3)俱委而窃听_____

(4)尔颇有所识不_____

2. 用现代汉语翻译文中画线的句子。

(1)日中不至,则是无信;对子骂父,则是无礼。

(2)二子长跪俱说,更相易夺,言无遗失。

3. 用原文语句填空。

甲文中表现"友人"道歉态度诚恳的句子是"_____
____"；乙文中表现陈太丘为孩子好学而欣慰，不追究他们蒸饭成粥的责任的句子是"_____"。

4. 甲、乙两文都以小孩子为主人公，说说两文分别表现了孩子的什么特点。

(三)(原创题)阅读下面语段，回答问题。

《论语》十二章（节选）

子曰："学而时习之，不亦说乎？有朋自远方来，不亦乐乎？人不知而不愠，不亦君子乎？"

曾子曰："吾日三省吾身：为人谋而不忠乎？与朋友交而不信乎？传不习乎？"

子曰："吾十有五而志于学，三十而立，四十而不惑，五十而知天命，六十而耳顺，七十而从心所欲，不逾矩。"

子曰："温故而知新，可以为师矣。"

子曰："学而不思则罔，思而不学则殆。"

子曰："知之者不如好之者，好之者不如乐之者。"

子曰："饭疏食，饮水，曲肱而枕之，乐亦在其中矣。不义而富且贵，于我如浮云。"

子曰："三人行，必有我师焉。择其善者而从之，其不善者而改之。"

子曰："三军可夺帅也，匹夫不可夺志也。"

1. 解释下列加点的词。

(1)人不知而不愠 _____

(2)与朋友交而不信乎 _____

(3)好之者不如乐之者 _____

(4)必有我师焉_____

2.下列句子中"而"字的用法与其他三项不同的一项是　　（　　）

A.学而时习之　　　　　　B.温故而知新

C.择其善者而从之　　　　D.思而不学则殆

3.用现代汉语翻译下列句子。

(1)有朋自远方来,不亦乐乎?

(2)三军可夺帅也,匹夫不可夺志也。

4.结合自己的学习经历,谈谈你对"学而不思则罔,思而不学则殆"的理解。

综合训练

(四)(2020·孝感)阅读下面两篇文言文,回答问题。

【甲】夫君子之行,静以修身,俭以养德。非淡泊无以明志,非宁静无以致远。夫学须静也,才须学也,非学无以广才,非志无以成学。淫慢则不能励精,险躁则不能治性。年与时驰,意与日去,遂成枯落,多不接世,悲守穷庐,将复何及!

(诸葛亮《诫子书》)

【乙】欧阳修,字永叔,庐陵人。四岁而孤,母郑,守节自誓,亲诲之学。家贫,至以荻①画地学书。幼敏悟过人,读书辄成诵。及冠,嶷然有声②。一日,修得唐韩愈遗稿于废书簏③中,读而心慕焉。苦志探赜④,忘寝食,必欲并辔绝驰而追与之并,遂以文章名冠天下。

修母尝谓之曰："汝父为吏，常夜烛治⑤官书，屡废而叹。吾问之，则曰：'死狱也，我求其生，不得尔。'吾曰：'生可求乎？'曰：'<u>求其生而不得，则死者与我皆无恨</u>。夫常求其生，犹有死也，而世常求其死也。'其平日教他子弟，常用此语，吾耳熟焉。"修闻而服⑥之终身。

（《宋史·欧阳修传》）

【注释】①荻：植物名，形状像芦苇。②嶷(yí)然有声：很高的声望。③篓(lǜ)：竹编的盛物器具。④赜(zé)：精微，深奥。⑤治：研究。⑥服：服从。

1. 下列各组句子中，加点词语意思相同的一项是（　　）

A. 诫子书/至以荻画地学书

B. 淫慢则不能励精/富贵不能淫

C. 夫君子之行/必欲并辔绝驰而追与之并

D. 死狱也/小大之狱，虽不能察，必以情

2. 下列对甲、乙两文分析有误的一项是（　　）

A. 甲文中诸葛亮主张以俭养德，以静求学，以学广才，这三者是互相联系，缺一不可的。

B. 乙文中"及冠"意思是"到了二十岁"。古时男子二十岁举行加冠仪式(束发戴帽)，表示已经成年。

C. 乙文中欧阳修于废纸篓中得到韩愈的遗稿，羡慕不已，他决心要在名声上赶超韩愈。

D. 甲文"年与时驰，意与日去"是诸葛亮希望儿子珍惜时间的谆谆劝勉，乙文中"修闻而服之终身"体现了欧阳修善于听取母亲教诲且终身遵循的可贵品质。

3. 用现代汉语翻译下列句子。

(1)险躁则不能治性。

（2）求其生而不得，则死者与我皆无恨。

4.诸葛亮认为"才须学也"，请结合两文谈谈如何做才能学有所成。

（五）（原创题）阅读下面文言文，回答问题。

一屠晚归，担中肉尽，止有剩骨。途中两狼，缀行甚远。

屠惧，投以骨。一狼得骨止，一狼仍从。复投之，后狼止而前狼又至。骨已尽矣，而两狼之并驱如故。

屠大窘，恐前后受其敌。顾野有麦场，场主积薪其中，苫蔽成丘。屠乃奔倚其下，弛担持刀。狼不敢前，眈眈相向。

少时，一狼径去，其一犬坐于前。久之，目似瞑，意暇甚。屠暴起，以刀劈狼首，又数刀毙之。方欲行，转视积薪后，一狼洞其中，意将隧入以攻其后也。身已半入，止露尻尾。屠自后断其股，亦毙之。乃悟前狼假寐，盖以诱敌。

狼亦黠矣，而顷刻两毙，禽兽之变诈几何哉？止增笑耳。

1.下列对句子中加点词语的解释，不正确的一项是 （　　）

A.缀行甚远（连接、紧跟）

B.恐前后受其敌（敌人）

C.屠暴起（突然）

D.乃悟前狼假寐（睡觉）

2.下列句子中加点词语的用法与例句相同的一项是 （　　）

例句：其一犬坐于前

A.狼不敢前

B.一狼洞其中

C.意将隧入以攻其后也

D.屠自后断其股

3.下列对选文的理解与分析,不正确的一项是　　　　　　（　　）

A.第一段是故事的开端,写出了屠夫危急的处境,为后面写屠夫与狼的斗争做了铺垫。

B.在遇狼到杀狼的故事发展过程中,屠夫从怯懦变得勇敢、机智,人物形象完整、丰富。

C.文中"一狼径去,其一犬坐于前""目似瞑,意暇甚""一狼洞其中"等语句,表现了狼的狡诈。

D.文章结尾运用记叙的表达方式,点明了故事的主题,说明狼无论多么狡诈,终归会被人的勇敢、智慧所战胜。

(六)(原创题)阅读下面两个语段,回答问题。

【甲】宋之丁氏,家无井而出溉汲,常一人居外。及其家穿井,告人曰:"吾穿井得一人。"有闻而传之者:"丁氏穿井得一人。"国人道之,闻之于宋君。宋君令人问之于丁氏,丁氏对曰:"得一人之使,非得一人于井中也。"求闻之若此,不若无闻也。

(《穿井得一人》)

【乙】成王与唐叔虞燕居①,援梧叶以为珪②,而授唐叔虞曰:"余以此封女③。"叔虞喜,以告周公。周公以请曰:"天子其封虞邪?"成王曰:"余一人与虞戏④也。"周公对曰:"臣闻之,天子无戏言。天子言,则史书之,工⑤诵之,士称之。"于是遂封叔虞于晋。

(选自《吕氏春秋·重言》)

【注释】①燕居:闲居。②珪:古玉器名。中国古代贵族朝聘、祭祀、丧葬时以为礼器。③女:同"汝",你。④戏:开玩笑。⑤工:乐工。

1.解释下列加点的词。

(1)及其家穿井＿＿＿＿＿＿＿＿

(2)得一人之使_____

(3)援梧叶以为珪_____

(4)周公对曰_____

2.用现代汉语翻译下列句子。

(1)国人道之,闻之于宋君。

(2)臣闻之,天子无戏言。

3.甲文中"穿井得一人"的含义是什么?乙文中的唐叔虞能得到封地的原因是什么?

4.简要分析甲、乙两文的寓意。

(七)(原创题)阅读下面两个语段,回答问题。

【甲】杞国有人忧天地崩坠,身亡所寄,废寝食者。

又有忧彼之所忧者,因往晓之,曰:"天,积气耳,亡处亡气。若屈伸呼吸,终日在天中行止,奈何忧崩坠乎?"

其人曰:"天果积气,日月星宿,不当坠耶?"

晓之者曰:"日月星宿,亦积气中之有光耀者,只使坠,亦不能有所中伤。"

其人曰:"奈地坏何?"

晓之者曰:"地,积块耳,充塞四虚,亡处亡块。若躇步跐蹈,终日在地上行止,奈何忧其坏?"

其人舍然大喜,晓之者亦舍然大喜。

（《杞人忧天》）

【乙】上①谓侍臣曰:"吾闻西域贾胡②得美珠,剖身以藏之,有诸?"侍臣曰:"有之。"上曰:"人皆知彼之爱珠而不爱其身也。吏受赇③抵④法,与帝王徇⑤奢欲而亡国者,何以异于彼胡之可笑邪!"魏征曰:"昔鲁哀公谓孔子曰:'人有好忘者,徙宅而忘其妻。'孔子曰:'又有甚者,桀、纣乃忘其身。'亦犹是也。"上曰:"然朕与公辈宜戮力相辅庶免为人所笑也。"

（节选自《资治通鉴》）

【注释】①上:指唐太宗。②贾（gǔ）胡:胡商。③赇（qiú）:贿赂。④抵:触犯。⑤徇:顺从。

1. 解释下列加点的词。

(1) 因往晓之＿＿＿＿＿＿＿＿＿

(2) 亡处亡块＿＿＿＿＿＿＿＿＿

(3) 吾闻西域贾胡得美珠＿＿＿＿＿＿＿＿＿

(4) 徙宅而忘其妻＿＿＿＿＿＿＿＿＿

2. 下列与"徙宅而忘其妻"中"而"的用法相同的一项是　　（　　）

A. 家无井而出溉汲

B. 而两狼之并驱如故

C. 切问而近思

D. 有闻而传之者

3. 用"/"为下面的句子划分朗读节奏。（限两处）

然朕与公辈宜戮力相辅庶免为人所笑也

4. 用现代汉语翻译下列句子。

(1) 只使坠,亦不能有所中伤。

（2）人皆知彼之爱珠而不爱其身也。

5.两篇都采用了_____描写,但侧重点不同,甲文重点告诉我们_____的道理,乙文告诉我们_____的道理。

（八）（2021·威海）阅读下面两个语段,回答问题。

【甲】初,权谓吕蒙曰:"卿今当涂掌事,不可不学!"蒙辞以军中多务。权曰:"孤岂欲卿治经为博士邪! 但当涉猎,见往事耳。卿言多务,孰若孤? 孤常读书,自以为大有所益。"蒙乃始就学。及鲁肃过寻阳,与蒙论议,大惊曰:"卿今者才略,非复吴下阿蒙!"蒙曰:"士别三日,即更刮目相待,大兄何见事之晚乎!"肃遂拜蒙母,结友而别。

【乙】初,权谓蒙及蒋钦曰:"卿今并当涂掌事,宜学问以自开益。"蒙曰:"在军中常苦多务,恐不容复读书。"权曰:"孤岂欲卿治经为博士邪? 但当令涉猎见往事耳。卿言多务,孰若孤? 孤少时历《诗》《书》《礼记》《左传》《国语》,惟不读《易》。至统事以来,省三史、诸家兵书,自以为大有所益。如卿二人,意性朗悟,学必得之,宁当不为乎? 宜急读《孙子》《六韬》《左传》《国语》及三史。孔子言:'终日不食,终夜不寝以思,无益,不如学也。'光武当兵马之务,手不释卷,孟德亦自谓老而好学,卿何独不自勉勖邪?"蒙始就学,笃志不倦,其所览见,旧儒不胜。后鲁肃上代周瑜,过蒙言议,常欲受屈。肃拊蒙背曰:"吾谓大弟但有武略耳,至于今者,学识英博,非复吴下阿蒙。"蒙曰:"士别三日,即更刮目相待……"密为肃陈三策。肃敬受之,秘而不宣。权常叹曰:"人长而进益,如吕蒙、蒋钦,盖不可及也……"

1.下列句子中加点词语的意思相同的一项是 （　　）

A.①孰若孤　　　②徐公不若君之美也

B.①即更刮目相待　②莫说相公痴,更有痴似相公者

C.①在军中常苦多务　②必先苦其心志

D.①自以为大有所益　②益慕圣贤之道

2. 下列句子中加点词语的意思与用法不同的一项是　　　（　　）

A.①蒙辞以军中多务　②以钱覆其口

B.①蒙乃始就学　②乃重修重阳楼

C.①结友而别　②成礼而去

D.①盖不可及也　②盖以诱敌

3. 用现代汉语翻译文中画线的句子。

（1）但当涉猎，见往事耳。

（2）学必得之，宁当不为乎？

4. 如果从文中选择一人加入你的微信读书群，你会选择谁？请结合两个语段概括说明理由（至少两条）。

（九）（原创题）阅读下面文言文，回答问题。

卖油翁

欧阳修

陈康肃公善射，当世无双，公亦以此自矜。尝射于家圃，有卖油翁释担而立，睨之久而不去。见其发矢十中八九，但微颔之。

康肃问曰："汝亦知射乎？吾射不亦精乎？"翁曰："无他，但手熟尔。"康肃忿然曰："尔安敢轻吾射！"翁曰："以我酌油知之。"乃取一葫芦置于地，以钱覆其口，徐以杓酌油沥之，自钱孔入，而钱不湿。因曰："我亦无他，惟手熟尔。"康肃笑而遣之。

1.解释下列加点的词。

(1)陈康肃公善射_____

(2)有卖油翁释担而立_____

(3)但手熟尔_____

(4)尔安敢轻吾射_____

2.下列句子中加点词语的意思和用法相同的一项是（　　）

A.尝射于家圃/非得一人于井中（《穿井得一人》）

B.睨之久而不去/禽兽之变诈几何哉（《狼》）

C.公亦以此自矜/蒙辞以军中多务（《孙权劝学》）

D.而钱不湿/康肃笑而遣之

3.用现代汉语翻译下面的句子。

我亦无他，惟手熟尔。

4.链接阅读。

陈尧咨善射，百发百中，世以为神，常自号曰"小由基①"。及守荆南回，其母冯夫人问："汝典郡②有何异政？"尧咨云："荆南当要冲，日有宴集，尧咨每以弓矢为乐，坐客罔不叹服。"母曰："汝父教汝以忠孝辅国家，今汝不务行仁化而专一夫之伎③，岂汝先人志邪？"杖之，碎其金鱼④。

【注释】①由基：养由基，战国时楚国神射手。②典郡：掌管郡务。③伎：通"技"。④金鱼：古人的一种佩饰。

(1)本文和链接阅读都表现了陈尧咨怎样的形象特征？

(2)本文和链接阅读各自表达了怎样的主题？请简要概括。

（十）（2021·毕节）阅读下面两个语段,回答问题。

【甲】山不在高,有仙则名。水不在深,有龙则灵。斯是陋室,惟吾德馨。苔痕上阶绿,草色入帘青。谈笑有鸿儒,往来无白丁。可以调素琴,阅金经。<u>无丝竹之乱耳,无案牍之劳形。</u>南阳诸葛庐,西蜀子云亭。孔子云:何陋之有?

（刘禹锡《陋室铭》）

【乙】扬雄,字子云,蜀郡成都人也。<u>雄少而好学,博览无所不见。</u>默而好深沉之思。清静亡为,少耆①欲,家产不过十金,乏无儋石②之储,晏如也。自有大度,非圣哲之书不好也;非其意,虽富贵不事也。

（选自《汉书·扬雄传》）

【注释】①耆:同"嗜",嗜好。②儋石:两石与一石,指数量少。

1.解释下列加点的词。

(1)有仙则名＿＿＿＿＿＿＿＿＿

(2)谈笑有鸿儒＿＿＿＿＿＿＿＿＿

(3)清静亡为＿＿＿＿＿＿＿＿＿

(4)虽富贵不事也＿＿＿＿＿＿＿＿＿

2.用现代汉语翻译文中画线句子。

(1)无丝竹之乱耳,无案牍之劳形。

(2)雄少而好学,博览无所不见。

3.甲文末连举三位古人的例子是为了证明什么?试结合乙文分析其所举的"西蜀子云亭"例子是否恰当。

4.将"谈笑有鸿儒,往来无白丁"的人际交往之道用于当今的现实生活,你是否认同？请简述看法。

(十一)阅读下面文言文,回答问题。

活　板

庆历中,有布衣毕昇,又为活板。其法:用胶泥刻字,薄如钱唇,每字为一印,火烧令坚。先设一铁板,其上以松脂、蜡和纸灰之类冒之。欲印,则以一铁范置铁板上,乃密布字印,满铁范为一板,持就火炀之;药稍熔,则以一平板按其面,则字平如砥。若止印三二本,未为简易;若印数十百千本,则极为神速。常作二铁板,一板印刷,一板已自布字,此印者才毕,则第二板已具,更互用之,瞬息可就。每一字皆有数印,如"之""也"等字,每字有二十余印,以备一板内有重复者。不用,则以纸帖之,每韵为一帖,木格贮之。有奇字素无备者,旋刻之,以草火烧,瞬息可成。不以木为之者,木理有疏密,沾水则高下不平,兼与药相粘,不可取;不若燔土,用讫再火令药熔,以手拂之,其印自落,殊不沾污。

1.解释下列加点的词。

(1)以松脂、蜡和纸灰之类冒之_____

(2)用讫再火令药熔_____

2.用现代汉语翻译下面的句子。

则以一平板按其面,则字平如砥。

3.结合选文,说说活板"活"在哪里。

4.印刷术、指南针均是我国古代的伟大发明。下面链接材料是关于指南针的,链接材料中介绍指南针的操作方法都有哪些？作者认为哪种操作方法最好？

链接材料

方家①以磁石磨针锋,则能指南,然常微偏东,不全南也。水浮多荡摇。指爪及碗唇上皆可为之,运转尤速,但坚滑易坠,不若缕②悬为最善。其法:取新纩③中独茧缕,以芥子许蜡④缀于针腰,无风处悬之,则针常指南。其中有磨而指北者。余家指南、北者皆有之。磁石之指南,犹柏之指西,莫可原⑤其理。

（选自《梦溪笔谈》）

【注释】①方家:行家。②缕:丝线。③纩（kuàng）:丝绵。④芥子许蜡:芥菜籽大小的蜡。⑤原:探究。

参考答案

咏雪

1.（1）急。　（2）相比。　2.不如比作风吹柳絮漫天飞舞。　3.示例：谢太傅听了侄儿侄女关于下雪的比喻后非常高兴，他更赞赏侄女谢道韫的回答。

4.示例：把纷纷扬扬的雪花比作飞舞的柳絮，既写出了雪花轻盈的姿态、飞舞的神韵，还给人暖意融融、春天将至的感觉，有着丰富的意蕴和优美的意象。

谢太傅处变不惊

1.（1）通"悦"，高兴。　（2）停止。　（3）立刻。　2.谢安在东山逗留期间与朋友出海游玩，遇到大风浪，他的表现与众不同，让人钦佩。他是一个胸怀雅量、处变不惊、临危不惧的人。

黄琬巧对

1.D（说）　2.示例：人的思维不能固化，要从多角度思考问题、分析问题，比如在学习中要发散思维、开动脑筋。

陈太丘与友期行

1.C（第一个"信"，信用；第二个"信"，消息）　2.元方当时七岁，在门外玩耍。　3.D（文中的友人有"知错就改"的优点）　4.示例：人无信不立。我们一旦答应了别人的事，就要兑现诺言，如果言而无信，就必然会失信于人。

小时了了，大未必佳

1.小时候聪明，长大了未必优秀，带有不以为然的意味。讽刺陈韪小时候很聪明，现在不聪明了。　2.以对话为主。表现了他聪明机敏的性格特点。

泰山桂树

1.（1）浸湿。　（2）滋润。　（3）这。　2.以此来反衬陈太丘的学问之高和懂得的道理之多。启示：①要努力学习，学有所成；②在回答别人所提出的挑剔的问题时，要采用委婉与艺术的方式。

《论语》十二章

1.（1）疑惑。　（2）反省、自我检查。　（3）生气，恼怒。　（4）学过的知识。

131

2.（1）几个人一起走路,其中必定有可以做我老师的人。　（2）广泛学习且能坚定自己的志向,恳切地发问,思考当前的事,仁德就在其中了。　　　3.（1）B （2）A、C （3）D　　4."学"是"思"的先决条件,先学后思符合认知规律。

5.示例:颜回能够在艰苦的环境中保持乐观的生活态度。不管条件多么艰苦,自己内心的恬淡和安宁始终不变。透过他,我们可以看到,幸福快乐是一种感觉,与贫富无关,关键在于自己的心态。

颜回好学

1.（1）悲痛。　（2）更加。　（3）谁。　　2.示例:东晋大书法家王羲之自幼苦练书法。他每次写完字,都到自家门前的池塘里洗毛笔,时间长了,一池清水变成了一池墨水。后来,人们就把这个池塘称为"墨池"。王羲之通过勤学苦练,终于成为著名的书法家,被人们称为"书圣"。

《论语》五则

1.示例:我们需要勤勉地学习,永远不能感到满足,而且要向不如自己的人学习,同时,学习的时候能够举一反三,触类旁通。　　2.示例:人生需要经受磨炼与考验,只有不怕困难,不畏艰难,才能显示出美好的品质。

诫子书

1.（1）增长。　（2）振奋精神。　　2.（1）品德高尚、德才兼备的人,是依靠内心安静、精力集中来修养身心的,是依靠俭朴的作风来培养品德的。　（2）不努力学习就不能增长才智,不明确志向就不能在学习上获得成就。　　3.学习和做人。对比论证。　　4.淡泊、立志、惜时。　　5.示例:告诫儿子修身养性,生活节俭,以此来培养自己的品德。

景清借书

1.（1）给。　（2）拿。　　2.示例:书是用来阅读的,如果只拥有一本好书而不去读,就没有价值了。（意思对即可）

诫外甥书

1.（1）抛弃。　（2）如果。　　2.志当存高远。

狼

1.（1）连接,紧跟。　（2）处境困迫,为难。　（3）解除,卸下。　（4）一会儿。

2.D（A.介词,在/介词,对于;B.名词,原来/名词,旧的知识;C.语气助词,罢了/动词,听取;D.介词,从) 　3.(1)屠户再次扔骨头,后得到骨头的狼停下了,之前获得骨头的狼又跟上来了。 　(2)他才明白前面的那只狼假装睡觉,原来是用来诱引敌人的。 　4.狡猾、凶狠、贪婪、愚蠢。 　5.议论。卒章显志,点明寓意。

田不满怒斥髑髅

1.(1)将要。 　(2)难道。 　(3)只是。 　(4)最终,终究。 　2.示例:①不要怕那些恃强凌弱、惯于欺骗恫吓他人的人;②只要理直气壮,敢于斗争,就能获得胜利;③正义终究能战胜邪恶。

毛大福遇狼

1.(1)正。 　(2)按照。 　(3)恰巧。 　2.示例:狼亦有情,狼也能知恩图报,懂得感恩。

穿井得一人

1.(1)宋君/令人问之于丁氏 　(2)非/得一人于井中也 　2.C(讲述)
3.(1)国都里的人都在讲述这件事,使宋国的国君知道了这件事。 　(2)寻到的消息如此,还不如不知道。 　4.因为宋君不太相信"穿井得一人"的事情。
5.示例:凡事都要调查研究,才能弄清真相。耳听为虚,眼见为实。谣言往往失实,只有细心观察,认真研究,才能获知真相。切不可轻信流言,盲目附和,人云亦云。

澄子亡缁衣

1.(1)赶快。 　(2)虽然。 　2.任何时候都要尊重事实,不论如何狡诈诡辩,事实总是不能歪曲的。

欹器满覆

1.(1)参观。 　(2)听说。 　2.孔子面对传言,没有一味相信,而是让学生注水试验,通过试验验证了欹器"虚则欹,中则正,满则覆"的特性。

杞人忧天

1.A(A.忧愁,忧心;B.你/如;C.同"释",解除,消除/舍弃;D.停止/仅,只)
2.(1)杞国有个人担忧天会塌地会陷落,自己无处存身,以至于整天睡不好觉,吃不下饭。 　(2)天如果真的是积聚的气体,那日月星辰不就会掉下来吗? 　3.不必要或缺乏根据的忧虑和担心 　4.杞人:具有强烈的忧患意识,善于质疑。晓之者:关心他人,热情、耐心地开导他人。

1.(1)从前。　　(2)犹,还。　　(3)逃跑。　　2.说明了流言可畏。这则故事告诫人们,应该根据确切的事实,用分析的眼光看问题,而不要相信流言。

1.(1)背。　　(2)更加。　　2.选文中的沈屯子为过往的历史忧虑,和"杞人"的忧虑是极其相似的。唯有看到竹竿梢头尖锐怕不小心刺到行人,算是居安思危吧。

1.(1)研究。　　(2)只,只是。　　(3)不再是。　　(4)擦拭。　　2.B(A.了解/看到;B.动词,说;C.开始从事/凑近,靠近;D.到,等到/达到)　　3.(1)只应当粗略地阅读,了解历史罢了。　　(2)以你现在的才干、谋略来看,你不再是原来那个吴下阿蒙了!　　(3)鲁肃于是叩拜吕蒙的母亲,与吕蒙结为朋友,然后分别了。
4.示例:吕蒙坦诚、豪爽,善于听取别人的意见,虚心好学。

1.B(古时王侯的自称)　　2.①博览群书;②梦中诵书。

1.(1)到,等到。　　(2)为……感到愤怒。　　2.B(孙权提到祁奚,意在含蓄地称赞吕蒙以国事为重,不计前嫌的品质)

1.欧阳文忠公文集　欧阳修　宋　永叔　醉翁　六一居士　　2.(1)曾经。
(2)放。　　(3)点头。　　(4)熟练。　　3.C(介词,在)　　4.于是老翁说:"我也没有什么其他奥妙,只不过是手法熟练罢了。"　　5.课文主要写了两件事,即陈康肃射箭和卖油翁酌油。说明了熟能生巧的道理。　　6.自矜→忿然→笑遣。反映了陈康肃有所省悟。

1.(1)守住秘密。　　(2)埋没,耽误。　　(3)满。　　(4)更换。　　2.示例:珍惜时光,勤奋努力。

1.(1)回家。　　(2)明显。　　(3)看。　　2.为了突出飞卫射箭技艺的高超。

陋室铭

1.ing　名、灵、馨、青、丁、经、形、亭　2.(1)出名,有名。　(2)品德高尚。
(3)博学的人。　(4)官府文书。　3.(1)可以弹奏素朴的古琴,阅读泥金书
写的佛经。　(2)它好比南阳诸葛亮的草庐,西蜀扬子云的亭子。孔子说:有什么
简陋的呢?　4.居住环境优雅;交往之人高雅;生活情趣高雅。　5.表达了一
种高洁傲岸的节操和安贫乐道的志向。　6.类比。作者以古代贤人居住的屋子来
证明陋室不陋,同时作者也以古代贤人自况,表明自己也追求他们那样的精神境界。

王欢耽学

1.(1)乞讨。　(2)有时。　2.相同点:安贫乐道。不同点:刘禹锡的居室
虽陋,然而情趣高雅,品德高尚;王欢安于贫困,专心求学。

梅花书屋

1.(1)砌花台。　(2)一年。　2.刘禹锡追求安贫乐道的生活情趣。张岱
沉醉于周围自然风光之中,甚是自得,返璞归真,拥有恬淡而闲适的生活情趣。

爱莲说

1.(1)艳丽。　(2)竖立。　(3)应当。　2.对于莲的爱好,像我一样的还
有什么人呢?　3."独"字表现了作者不随波逐流的态度。　4.示例:三个判
断句组成排比句,评论三种花,褒贬各异,含蓄地表达了作者对三种人的态度。

5.以菊花和牡丹进行比较和陪衬,表达了作者不贪慕富贵、洁身自好的生活态度
和在污浊的世间坚贞不渝、保持自己正直操守的志向。

夏日赏荷

1.(1)共同,一块儿。　(2)全,都。　2.选文:鲜妍明媚,袅娜多姿,清丽雅
致。《爱莲说》:出淤泥而不染,濯清涟而不妖,中通外直,不蔓不枝,香远益清,亭亭
净植。

夏梅说

1.C("及"是推及、涉及的意思)　2.冬春时,梅花傲霜斗雪,开得很灿烂,前
来观看的人非常多;三、四、五月,果实累累,加上风雨来临,梅开始被人们冷落;到
了炎炎夏日,只剩树叶与树干相守,更少有人来看梅了。

活板

1.用讫/再火/令药镕　2.(1)用火。　(2)混合。　(3)烘烤。　(4)终了,

完毕。　　3.（1）就用纸条给它们做标志,(按照字的韵部分类)每一个韵部做一个标签。　　(2)遇到平时没有准备的生僻字,随即刻制。　　4.工作程序。

5.示例:每年举办一期活字印刷培训班,普及活字印刷的知识和技巧。或:对现有传承人,政府每年给予经济补助,让非遗传承人一对一培养出新的传承人。

锻钢法

1.（1）嵌裹。　　(2)我。　　(3)即使。　　2.说明对象是我国古代锻铁为钢的两种工艺方法——团钢法和百炼钢法,并对它们的优劣作了比较。

石油

1.（1）只是,但是。　　(2)开始。　　(3)完。　　2.可以用来照明,可以用来制墨。

综合训练

一、1.A　　2.A(蒲松龄号柳泉居士)　　3.C("家慈"是谦称自己的母亲)

4.B(《爱莲说》是周敦颐写的)　　5.C(沈括是北宋人)　　6.A(日中是十二时辰之一,为上午11时至下午1时)　　7.D("鄙人"是谦辞)　　8.D(花甲之年为六十岁)　　9.D("不耻下问"出自《论语》)　　10.C(经,指《易》《书》《诗》《礼》《春秋》等书)

二、(一)1.寒雪日　谢家　谢太傅与子侄　讲论文义　2.撒盐空中差可拟;未若柳絮因风起。示例一:"撒盐"一喻好,雪的颜色和下落之态都跟盐比较接近;而柳絮呈灰白色,在风中往往上扬,甚至飞得很高很远,跟雪的飘舞方式不同。写物必须首先求得形似而后达于神似,形似是基础,据此可知,前一喻好,后一喻不好。示例二:"柳絮"一喻好,不仅仅有美好的物象,更有深刻的意蕴。给人以春天即将到来的感觉,正如英国诗人雪莱所说:"冬天到了,春天还会远吗?"而"撒盐"一喻仅有物象而无意蕴,所以不好。　　3.融洽、欢快、轻松的家庭氛围。"内集""欣然""大笑乐"等词语可以印证这一点。　　4.表明作者对谢道韫才华的赞赏。

(二)1.（1）约定。　　(2)离开。　　(3)偷偷地。　　(4)同"否",相当于"吗"。

2.（1）正午您没到,就是不讲信用;对着孩子骂父亲,就是没有礼貌。

(2)(于是)兄弟二人跪在地上一块儿叙说,互相补充,大人说的话一点儿都没有遗漏。　　3.下车引之　如此但糜自可,何必饭也　4.甲文表现了元方善于维护父亲尊严的应对思辨之才,乙文表现了元方和兄弟季方两人善于抓住机会学习的刻苦好学精神。

【乙文参考译文】有客人在陈太丘(陈寔)家留宿,太丘让元方(陈纪)、季方(陈谌)兄弟二人做饭。兄弟二人烧火,听见太丘和客人在谈论,都停下来偷听。做饭时忘了放算子,米都落进锅里。太丘问:"为什么没蒸饭呢?"元方、季方跪在地上说:"您和客人谈话,我们俩都在偷听,结果忘了放算子,饭都成了粥了。"太丘说:"你们还记得我们说了什么吗?"兄弟俩回答道:"大概还记得。"于是兄弟二人跪在地上一块儿叙说,互相补充,大人说的话一点儿都没有遗漏。太丘说:"能够这样,喝粥就行了,不必做饭了!"

(三)1.(1)生气,恼怒。　(2)诚信。　(3)以……为快乐。　(4)在其中。

2.D(A、B、C 三项都是表承接,D 项则表转折)　3.(1)有朋友从远方来到这里,不也是很快乐吗?　(2)军队的主帅可以改变,但平民百姓的志向是不可改变的。　4."学而不思则罔,思而不学则殆"意思是说要将学习和思考结合起来,才能使自己成为有道德、有学识的人。我们在平常的学习中,就要认真学好知识,更要加强反思,在反思中发现问题,总结规律。这样,我们才能不断取得进步。

(四)1.D(D 项都为"诉讼事件"的意思。A.书信/书写、写字;B.放纵/迷惑,这里是使动用法;C.结构助词,的/代词,他)　2.C("并"是"比肩"之意)
3.(1)轻薄浮躁就不能修养性情。　(2)(我)设法使他们活下来却不能够(努力让他们活下来却没有成功),那么死去的人和我都没有遗憾。　4.①须有"志"。明确志向,选定目标。②须能"静"。摒除杂念和干扰,保持宁静专一的状态,专心致志学习。③须能"勤"。不怕苦累,刻苦勤奋地学习。④须惜时。善于利用时间,能挤出时间来学习。

【乙文参考译文】欧阳修,字永叔,庐陵(今江西吉安)人。四岁时父亲就去世了,母亲郑氏,立誓守节,亲自教导儿子学习。家境贫困,(就)用芦管当笔在地上描画着学习写字。(欧阳修)自幼聪敏颖悟,超过常人,书读过就能熟记背诵。等到成年,(就)有了很高的声望。有一天,欧阳修在废书箧中得到了唐朝韩愈的遗稿,读后心里十分欣慕。(于是)苦心孤诣地探幽索隐,废寝忘食,决心要努力追上韩愈并与他比肩齐名,最终,(欧阳修)凭借他的文章名满天下。

欧阳修的母亲曾经对他说:"你父亲做官的时候,常常秉烛研读公文,屡屡停卷而叹。我问他(叹气的原因),则说:'这是个死刑案啊,我想方设法让他活下来,

(可)办不到啊！'我说：'可以让他活下来吗？'你父亲就说：'我设法让他活下来却不能够，那么死去的人和我都没有遗憾。(我)经常想方设法让死刑犯活下来，还会有死的，可是世人常常是让他死啊！'他平时教育他的子弟，也常用这样的话，我耳朵都听熟了。"欧阳修听后终生遵循这个教导。

（五）1. B（"敌"在这里是"攻击"的意思）　2. C（A. 名词用作动词，向前；B. 名词用作动词，挖洞；C. 名词用作状语，从通道；D. 动词，没有活用现象，砍断）

3. D（文章结尾运用的是议论的表达方式）

（六）1.（1）待，等到。　（2）使唤。　（3）拿。　（4）应答，回答。

2.（1）国都里的人都在讲述这件事，使宋国的国君知道了这件事。　（2）我听说，天子不说玩笑话。　3. 甲文"穿井得一人"的含义：丁家人因为打了一口井，不需要再去远处挑水灌溉从而解放了一个劳动力；乙文中唐叔虞能得到封地的原因：周成王随口许诺，周公劝说周成王要信守诺言，不能言而无信。　4. 甲文：凡事都要调查研究，才能弄清真相。乙文：做人要诚信，言出必践。

【乙文参考译文】周成王和唐叔虞平时闲居，周成王拿一个梧桐叶当作玉珪，交给唐叔虞说："我用这个封你。"唐叔虞高兴地把这件事告诉了周公，周公因此向周成王请示说："天子要封虞吗？"周成王说："我个人和唐叔虞开玩笑罢了。"周公说："我听说，天子不说玩笑话。天子说的话，史官要记载，乐工要歌颂，士要颂扬。"于是周成王就将晋地封给了唐叔虞。

（七）1.（1）告知，开导。　（2）无，没有。　（3）听说。　（4）迁徙。　2. B（A. 表因果；B. 表转折；C. 表并列；D. 表顺承）　3. 然/朕与公辈宜戮力相辅/庶免为人所笑也　4.（1）即使它们掉下来，也不可能伤害到谁。　（2）人们都知道嘲笑这个商人爱惜宝珠而不爱惜身体。　5. 语言　在生活中没必要担心那些不该担心的问题，我们要乐观地对待生活　在生活中，要珍爱自己的生命

【乙文参考译文】皇上对侍臣说："朕听闻西域有个商人，得到一颗无价的宝珠，就剖开自己的肚子，把宝珠藏在里面(因而丢了性命)，有这回事吗？"侍臣回答说："是有这么回事。"皇上说："人们都知道嘲笑这个商人爱惜宝珠而不爱惜身体。但有的官员因贪赃受贿而受法律制裁(丧命)，和有的皇帝因放纵奢欲而亡国，与那个胡商的可笑行为有什么两样呢？"魏征说："从前鲁哀公对孔子说：'有个健忘的人，搬家而遗忘了妻子。'孔子说：'还有健忘得更严重的呢，桀、纣把自己都忘了。'

也和这个事是一样啊。"皇上说："是啊,我和你们应该同心合力地互相帮助,希望能够避免为他人所讥笑啊!"

（八）1. A　　2. D　　3.(1)只是应当粗略地阅读,了解以往的事情(或历史)罢了。　　(2)学习必然会有收获,难道不应该去学习吗?　　4.示例一:我选择孙权。因为他喜欢读书并涉猎广泛;善于激励表扬他人读书;能够有针对性地推荐阅读书目和读书方法。示例二:我选择吕蒙。因为他虚心听取他人读书建议,积极付诸行动;读书专心致志,持之以恒;学识渊博,能够学以致用。示例三:我选择蒋钦。因为他虚心听取他人读书建议,积极付诸行动。

（九）1.(1)擅长。　　(2)放下。　　(3)只是。　　(4)轻视。　　2. A(A."于"都是介词,解释为"在";B.代词,指代陈尧咨射箭/助词,的;C.介词,因为/介词,用;D.表转折/表修饰)　　3.我也没有别的(奥妙),只不过是手熟练罢了。
4.(1)两文都表现了陈尧咨射箭技艺高超,颇受世人称赞;同时他也因此自傲。
(2)本文通过卖油翁自钱孔滴油技能的描写及其对技能获得途径的议论,说明了熟能生巧的道理。链接阅读告诉人们应该以国事为重,而不是自恃一技之长。

【链接文本参考译文】陈尧咨擅长射箭,百发百中,世人把他当作神射手,(陈尧咨)常常自称为"小由基"。等到驻守荆南回到家中,他的母亲冯夫人问他："你掌管郡务有什么新政?"陈尧咨说："荆南位处要冲,每天有宴会,每次我用射箭来取乐,在座的人没有不叹服的。"他的母亲说："你的父亲教你要以忠孝来报效国家,而今你不致力于施行仁化之政却专注于个人的射箭技艺,这难道是你死去的父亲的心意吗?"(母亲)用棒子打他,摔碎了他的金鱼佩饰。

（十）1.(1)有名,出名。　　(2)大。　　(3)同"无",没有。　　(4)从事,做。
2.(1)没有弦管奏乐的声音扰乱耳朵,没有官府的公文使身体劳累。　　(2)扬雄小时候喜欢学习,博览群书,没有什么不知道的。　　3.连举三位古人的例子,有力地证明了陋室不陋。恰当,扬雄家贫,没有储粮,淡泊于功名富贵,潜心修学,拥有高洁傲岸的节操和安贫乐道的情趣。作者把他当作楷模,希望自己也能和他一样拥有高尚的德操,以"西蜀子云亭"自况,旨在表达陋室主人身居陋室,而精神思想却富有充实。　　4.示例一:这种交友方式可取。正所谓"近朱者赤,近墨者黑",对于作者这类有知识、有学问的人而言,只有与那些同样有知识、有学问的人交往,才能不断精进自己的知识、学问。示例二:这种交友方式不可取。正所谓"三人行,必有我师焉"。作者这种交友方式,未免显得太过自命清高了,这样一来会让我们缺失许多向他人学习的机会,这不利于我们对知识、信息的全面了解。所以,这不是一种很好的交友方式。

【乙文参考译文】扬雄字子云,蜀郡成都人。扬雄小时候喜欢学习,博览群书,没有什么不知道的。静默爱沉思,清静无为,没有什么嗜好和欲望,家产不超过十金,穷得没有一石粮食,却很安然。自身胸怀博大,不是圣哲的书不喜欢;不合己意,即使能富贵也不干。

（十一）1.（1）覆盖。 （2）完毕。 2.就拿一块平板按在字印上面,那么(排在板上的)字印就像磨刀石那样平。 3.字"活":"每字为一印"。排版"活":"密布字印"。印刷使用方法"活":"一板……一板……""更互用之"。字印数目"活":"每一字皆有数印"。无备时做法"活":"旋刻之,以草火烧,瞬息可成"。此外,用讫拆板简易、贮藏科学,便于下次重新排版印刷,进一步说明了"活",体现了活板的灵活性、优越性。 4.浮在水上、放在指甲或碗边上、系在丝线上。作者认为系在丝线上最好。

【链接材料参考译文】行家用磁石摩擦针尖就能使它指向南方,但经常略微偏东,不完全正南。把磁针漂浮在水面上多半摇晃不定。在指甲上碗边上都能放置磁针,运转很灵活,但坚硬光滑容易坠落,不如用丝悬挂最好。其方法是取新缲的单根蚕丝,用芥菜籽大小的蜡粘在针的腰部,在没有风的地方悬挂起来,针经常会指向南方。其中有摩擦后针尖指向北方的,我家指南、指北的针都有。磁针指向南方,犹如柏树叶偏西生长,无法追究其中的道理。